Mike Bartel

Wir vom Jahrgang 1962

Kindheit und Jugend

Impressum

Bildnachweis:

Umschlag: hinten 50er-Jahre Museum Büdingen, unten Mike Bartel, oben Michaela Dilger
Innenteil: Claudia Schüler, Remchingen: S. 4, 22, 40, F000, 1626, Joachim Weber, Stadtarchiv Wiesbaden: S. 6; Mike Bartel, Remchingen: S. 7, 9o, 10, 11, 12, 13, 14, 15, 17, 18, 23, 28, 31re, 35, 38, 43, 44, 46, 51li, 54, 55re, 57, 60, 62, 63o, Hildegard Nier, Hungen: S. 8; Michaela Dilger, Remchingen: S. 9u.li, 24li, 25o; ullstein bild-Werner OTTO: S. 16, 59; Waltraud Rein, Grünberg: S. 18; 50er-Jahre Museum Büdingen: S. 20, 21u; Bettina Deuter, Speyer: S. 21o, 30u, 24o, 25u, 52, 58o; Uwe Hammerstein, Bad Homburg: S. 26li; ullstein bild-Schirner: S. 26re; ullstein bild-s.e.t. Photo: S. 27; ullstein bild-Klaus Eschen: S. 30o; ullstein bild-vario images/Christoph Papsch: S. 31li; ullstein bild: S. 33, 37li, 56li, 63 u.re; ullstein bild-United Archives/kpa: S. 34; ullstein bild-United Archives/Arthur Grimm: S. 36; ullstein bild-United Archives: S. 37re, 56re; ©SchneiderBuch in der Harper Collins Germany GmbH, Hamburg: S. 39; Erika Herrmann, Frohnhausen: S. 41; ullstein bild-Public Adress: S. 45; ullstein bild-Röhnert: 47re; ullstein bild-Inter-News: S. 47li; Henkel AG & Co. KGaA, Düsseldorf: S. 48o; ullstein bild-Peter Timm: S. 48u; ullstein bild-Ingo Barth., S. 50u, ullstein bild-Röhnert: S. 51re; ullstein bild-Teutopress: S. 55li; www.bauermedia.com/ impressum: S. 58u; SPIEGEL 43/1977 vom SPIEGEL-Verlag, Hamburg: S. 63u.li;

Wir danken allen Lizenzträgern für die freundliche Abdruckgenehmigung.
In Fällen, in denen es nicht gelang, Rechtsinhaber an Abbildungen zu ermitteln, bleiben Honoraransprüche gewahrt.

Besuchen Sie das 50er-Jahre-Museum in Büdingen mit seinen unzähligen Exponaten aus einer spannenden Epoche:
50er-Jahre-Museum e.V.
Auf dem Damm 3
63654 Büdingen

18. Auflage 2022

Gestaltung und Satz: r2 | Ravenstein, Verden
Druck: Druck- und Verlagshaus Thiele & Schwarz GmbH, Kassel
Buchbinderische Verarbeitung: Buchbinderei S. R. Büge, Celle

34281 Gudensberg-Gleichen • Im Wiesental 1
Telefon: 056 03/9 30 50 • www.wartberg-verlag.de
ISBN: 978-3-8313-3062-1

Vorwort

Liebe 62er!

Kinder, wie die Zeit vergeht!

Licht aus. Wommmm. Spot an. Jaaaaaa! Hier ist er: der Jahrgang 1962! Frisch geduscht und fertig für die Disco. Obwohl – dafür ist's jetzt fast ein bisschen spät. Aber was haben wir nicht alles erlebt in den 60er- und 70er-Jahren, der aufregenden Zeit unserer Kindheit und Jugend. Und wie schnell das alles ging! Kaum war die Muttermilch versiegt, da landeten die ersten Menschen auf dem Mond. Wir gingen noch zur Schule und waren schon Fußballweltmeister. Wir wurden von Pickeln und Mitessern, aber auch von Umweltverschmutzung, Kernkraftwerken und Terroristen bedroht. Fröhliche Klebeblumen neben Fahndungsplakaten – so sah das damals in der Küche aus.

Wann haben wir eigentlich den ersten Fernseher gekriegt? Eines Tages stand er jedenfalls im Wohnzimmer und machte uns das Tor in eine völlig neue Welt auf. Gut möglich, dass keine andere Generation beim Heranwachsen so sehr unter dem Eindruck des Fernsehens und der Werbung stand wie wir. Aus Kindern wurden Konsumenten.

Natürlich waren wir auch kritisch. Sehr kritisch sogar. Atomkraft? Nein, danke. Dann doch lieber mehr Demokratie wagen! Gerade dieser Hang zum Hinterfragen hätte mich beim Schreiben dieses Buches beinahe ins Schleudern gebracht. Was ist, wenn ein Aspekt zu kurz kommt? Wenn etwas irgendwo ganz anders war? Wenn ich etwas vergessen habe? Werden Sie mich in ein kariertes Synthetikhemd stecken, mir eine Bademütze überstülpen und so lange alte Heino-Schallplatten vorspielen, bis ich endlich zugebe, dass Pelikan der bessere Füller war? Ich mag es mir gar nicht ausmalen. Stattdessen hoffe ich, dass alle Leserinnen und Leser viel Spaß an der Lektüre dieses Buches haben werden. Getreu dem alten Rat von Schweinchen Dick: Und immer schön fröhlich bleiben!

Mike Bartel

Vom ersten **Schrei** zu eigenen **Schritten**

Da lacht das Baby – mit Hütchen und Rasselband im Kinderwagen.

Gerade noch vorm Pillenknick

1962 geboren – das war aber knapp. In diesem Jahr wurde in der Bundesrepublik Deutschland die Antibabypille eingeführt. Und danach kam der Pillenknick. Die Zahl der Geburten nahm stetig ab. Aber das konnte uns nichts mehr anhaben. Da waren wir zum Glück schon auf der Welt oder zumindest gezeugt. Gut dran waren auch all jene, deren Mütter ohne die Hilfe von Contergan einschlafen konnten. Das unheilvolle Schlafmittel wurde erst Ende 1961 vom Markt genommen. So kam es, dass auch einige Angehörige unseres Jahrgangs von den körperlichen Fehlbildungen betroffen waren, die das skandalöse Medikament bei Gebrauch in den ersten Schwangerschaftswochen hervorgerufen hat.

Chronik

16/17. Februar 1962
Bei einer schweren Flutkatastrophe in Norddeutschland sterben 330 Menschen und Zehntausende werden obdachlos.

13. Juli 1962
Die Ministerpräsidenten der Bundesländer beschließen die Beschränkung der täglichen Werbesendungen im Fernsehen auf 20 Minuten.

17. August 1962
Bei einem Fluchtversuch über die Berliner Mauer wird der 18-jährige Peter Fechter von DDR-Volkspolizisten angeschossen. Der erste Mauer-Tote verblutet im Niemandsland.

7. Dezember 1962
Der Bundestag legt per Gesetz den Mindesturlaub auf 15 Tage fest.

22. Januar 1963
Der französische Staatspräsident Charles de Gaulle und Bundeskanzler Konrad Adenauer unterzeichnen den Elysee-Vertrag über die deutsch-französische Zusammenarbeit.

20. Juni 1963
Als Reaktion auf die Kubakrise beschließen die USA und die UdSSR die Errichtung einer direkten Fernschreibleitung zwischen den Amtssitzen der Regierungschefs. Der „Heiße Draht“ wird am 31. August in Betrieb genommen.

16. Oktober 1963
Ludwig Erhard löst den zurückgetretenen Konrad Adenauer (CDU) als Bundeskanzler ab.

7. November 1963
In Lengede (Niedersachsen) werden elf Bergleute, die zwei Wochen unter Tage eingeschlossen waren, lebend geborgen. Das „Wunder von Lengede“ ist die spektakulärste Rettungsaktion in der Geschichte des Bergbaus.

4./5./7. August 1964
Die USA greifen in den Vietnamkrieg ein.

10. September 1964
In Köln trifft der millionste Gastarbeiter ein. Der Portugiese Armando Rodriguez erhält bei seiner Ankunft als Geschenk ein Moped.

Sabine und Andreas als beliebteste Vornamen

Die Jungs unseres Jahrgangs wurden bevorzugt auf die Namen Andreas, Thomas oder Michael getauft. Auch Thorsten, Frank und Jörg lagen hoch im Kurs. Zudem recht groß ist die Wahrscheinlichkeit, einem Stefan, Peter, Ralf, Bernd oder Carsten des „Baujahrs 1962“ über den Weg zu laufen.

Die Mädchen hießen Sabine, Susanne oder Andrea. Auch Petra, Birgit und Martina zählten zu den beliebtesten Vornamen des Jahres 1962. Etliche dürften später auch eine Gabriele, Heike oder Kerstin als Klassenkameradin gehabt haben oder heißen womöglich selber so.

Ein Junge oder ein Mädchen?

Unsere Eltern hatten mindestens zwei Namen für uns parat. Man wusste anno 1962 nämlich vorher nicht, ob es ein Junge oder ein Mädchen wird. Den verräterischen Ultraschall gab es noch nicht. Die dicken Bäuche unserer Mütter wurden nur abgetastet. Daraus das Geschlecht des künftigen Erdenbürgers abzulesen war unmöglich. Deswegen lautete die erste Frage nach einer Geburt: Ist es ein Junge oder ein Mädchen? Kaum hatte sich

Kinderwagen-Treffpunkt im Park – unsere Mütter behielten uns auch beim gemütlichen Plausch immer im Auge.

das Vorhandensein des neuen Erdenbürgers in der Verwandtschaft und der näheren Umgebung herumgesprochen, da war auch schon die Taufe. Länger als sechs Wochen wurde selten gewartet. Die Taufpatinnen oder Taufpaten hatten sich unsere Eltern vorher ausgeguckt. In der Regel handelte es sich um Onkel oder Tanten.

Noch keinen Sinn für Gummibärchen

Wenn wir die einem Schlachthaus nicht ganz unähnlichen Geburtssäle der Krankenhäuser hinter uns gelassen hatten, waren wir erst mal froh, zu Hause in Ruhe an Mutters Brust nuckeln zu dürfen. Das reichte uns zunächst als Nahrung. Die Mütter von uns Neugeborenen beschäftigte dagegen die Frage, ob beim Fertigbabybrei in den Gläschen der von Alete („Kost fürs Kind") oder jener von Hipp („Für Ihr Kind") besser für unsere hungrigen Mäulchen und empfindlichen Mägen sein könnte.

Und wie sah es in den Wohnungen aus, in die wir hineingeboren wurden? Es gab zwar Spielsachen und Möbel, aber wenig technisches Gerät. Wie das Statistische Bundesamt feststellte, hatten Anfang der 60er-Jahre nur 27 Prozent der Haushalte eine Wäscheschleuder und neun Prozent eine Waschmaschine mit Schleuderfunktion. Eine Geschirrspülmaschine war absoluter Luxus. Nur 0,2 Prozent der westdeutschen Haushalte besaßen eine. Immerhin ein Drittel der Wohnungen verfügte bereits über ein Fernsehgerät, doch es dauerte bis 1978, ehe fast jeder (93 Prozent) eines hatte. 1962 konnten erst 14 Prozent der Leute von zu Hause telefonieren. 1988 stieg die Quote auf 93 Prozent, während im Osten Deutschlands noch 1993 erst jeder Zweite ein Telefon besaß.

Mit Auto und Trompete: Die Pappschachtel mit den Spielsachen war immer schneller aus- als eingeräumt.

Den Mainzelmännchen und dem ZDF zuvorgekommen

Wir sollten uns nicht zu viel darauf einbilden, aber immerhin haben wir vor den Mainzelmännchen und dem ZDF das Licht der Welt erblickt. Wir sind sogar ein Jahr älter als die Fußballbundesliga. Sollten unsere ersten Schreie direkt nach der Geburt einige Mitmenschen verstört haben, so wissen wir uns diesbezüglich in bester Gesellschaft. Anfang 1962 wurden die Beatles abgelehnt, nachdem sie erste Probeaufnahmen bei der Plattenfirma Decca gemacht hatten. Ihre Gitarrenmusik sei nicht gefragt, hieß es. Ein glatter Irrtum, wie sich wenig später zeigte. Bald lag ihnen die Welt zu Füßen – und uns auch. Wenn wir krabbelnd die Wohnung unsicher machten und Mutter hinterherkroch, um alles von uns Umgeworfene und Heruntergezogene wieder an seinen Platz zu bringen.

Familienidylle unterm Weihnachtsbaum – man beachte auch das so typische Röhrenradio im Hintergrund.

Kubakrise, Spiegelaffäre und ein zweigeteiltes Deutschland

Mit dem Agentenfilm „James Bond jagt Dr. No" startete eine der spektakulärsten und erfolgreichsten Serien der Kinogeschichte. Doch auch die Wirklichkeit ließ in punkto Dramatik nichts zu wünschen übrig. Weltweit sorgte die Kubakrise für Unruhe. Erst als die sowjetischen Raketen auf Druck der USA aus Kuba abgezogen wurden, entspannte sich die Lage wieder. Für innerdeutsche Erschütterungen sorgte die Spiegelaffäre. Herausgeber und Chefredakteur des viel gelesenen Nachrichtenmagazins wurden wegen eines regierungskritischen Artikels verhaftet. Im Auftrag der Bundesanwaltschaft durchsuchte die Polizei die Redaktionsräume. Der einzigartige Angriff auf die Pressefreiheit kostete den damaligen Verteidigungsminister Franz-Josef Strauß sein Amt.

Es war ungewohnt, in einem durch den „antifaschistischen Schutzwall" (Staatsrastvorsitzender Walter Ulbricht) zweigeteilten Deutschland zu leben. Die Synode der Evangelischen Kirche tagte wegen der Errichtung der Berliner Mauer 1962 erstmals getrennt in Ost- und Westberlin. Amerikanische und russische Panzer wurden aus Berlin abgezogen.

Die DDR arbeitete auf eine völkerrechtliche Anerkennung beider deutscher Staaten hin und führte Reisevisa für Bundesbürger ein, die nach Ostdeutschland einreisen wollten.

Backe, backe Kuchen

Mit Mutti oder Omi zu backen, das war für uns jedes Mal wie ein kleines Fest. Vor allem kam man so an viele süße Sachen. Besonders lecker war der Teig. Von dem zu naschen war fast besser als später ein Stück vom fertigen Kuchen oder Gebäck zu schnabulieren (ja, so sagte man damals zu genussvoll essen; und Gutes war nicht lecker, sondern fein). Wenn wir uns vorher ordentlich die Hände gewaschen hatten, durften wir den Teig kneten helfen. Das Backen und Teig-Kneten wurde jedes Mal von Reimen begleitet. Eines der Gedichte, das unzählige Generationen von Backblechen überlebt hat, geht so: „Backe, backe Kuchen, die Mutter hat gerufen. Wer will feinen Kuchen backen, der muss haben sieben Sachen: Eier und Schmalz, Zucker und Salz, Milch und Mehl, Safran macht den Kuchen gehl." Ja, „gehl", weil sich's reimt. Gemeint war natürlich gelb.

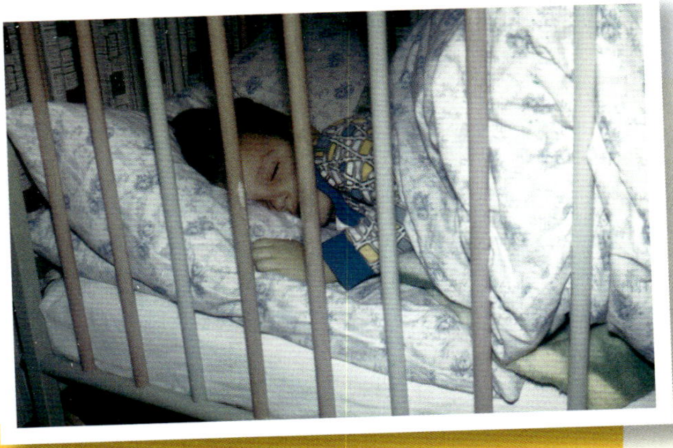

„Hinter Gittern“: Die typische Schlafstatt für ein Kleinkind, das nicht aus dem Bett fallen sollte.

Hinter Gittern

Erst war es ein geflochtenes Teil, so eine Art Weidenkorb auf Rädern – sie nannten es Stubenwagen – und darin verbrachten wir die ersten Wochen unseres Lebens. Und dann, obwohl wir gar keine Zeit hatten, viel zu verbrechen, kamen wir „hinter Gitter“. Nachts lagen wir im Gitterbettchen, tagsüber purzelten wir im Laufstall herum und nur draußen auf der Schaukel gingen uns die Gitterstäbe des Sitzchens zum Glück nur bis zum Bauch. Wir ließen uns nicht irritieren, schauten einfach durch die Gitterstäbe durch, als wenn sie gar nicht da wären und hielten uns daran fest, wenn uns danach zumute war. Manchmal war uns allerdings auch danach zumute, unserer Mama, wenn sie das Zimmer verließ, ganz schnell hinterherzukrabbeln. Dann waren diese Gitter wirklich im Weg und weil wir sie nicht auseinanderbiegen konnten, bogen sich unsere Stimmbänder.

WOLLTÜLL IN PASTELL
FINDEN SIE UND ES TODSCHICK

*

8457 Mama näht für sich dieses bezaubernde Tageskleid aus federleichtem Wolltüll (Corisia, Mailand). Der Rock erhält als modischen Effekt die tiefe Kellerfalte. Stoffverbrauch für Gr. 40: 1,40 m, 150 cm br.

8456 Nesthäkchen bekommt vom Rest ein süßes Modellchen, es hat das gleiche kragenlose Oberteil wie Muttis Kleid, der Rock wird ringsherum angekraust. Stoffverbrauch für 6–8 Jahre: 0,85 m, 150 cm breit.

Ein Wolltüllkleid für Mutter und Tochter empfiehlt der Burda-Moden-Katalog von 1963.

Eine Plastikschüssel als Badewanne in der Küche – das ging, so lange wir noch klein waren.

Prominente 62er

6. Feb. ***Axl Rose,***
(richtiger Name William Bailey), Sänger der Rockband Guns n' Roses

25. Feb. ***Birgit Fischer,***
Kanusportlerin, erfolgreichste deutsche Olympiateilnehmerin aller Zeiten

2. März ***Jon Bon Jovi,***
(richtiger Name John Francis Bongiovi), amerikanischer Rocksänger

12. März ***Andreas Köpke,***
Fußball-Nationaltorhüter (59 Länderspiele)

15. März ***Markus Merk,***
Fußballschiedsrichter

18. Mai ***Sandra,***
(Cretu), Popsängerin mit großen Erfolgen in den 80er-Jahren (u. a. „Maria Magdalena")

22. Juni ***Campino,***
(richtiger Name Andreas Frege), Leadsänger der erfolgreichsten deutschen Punkband „Die Toten Hosen"

2. Juli ***Monika Hohlmeier,***
CSU-Politikerin, Staatsministerin in Bayern und Tochter von Franz-Josef Strauß

3. Juli ***Tom Cruise,***
amerikanischer Schauspieler (u. a. „Mission Impossible")

29. Aug. ***Jutta Kleinschmidt,***
erfolgreiche deutsche Rallye-Fahrerin, Siegerin des Rennens Paris-Dakar

9. Okt. ***Durs Grünbein,***
deutscher Schriftsteller

19. Okt. ***Evander Holyfield,***
amerikanischer Profiboxer, mehrfacher Schwergewichts-weltmeister

11. Nov. ***Demi Moore,***
(richtiger Name Demetria Gene Guynes), amerikanische Filmschauspielerin (u. a. „Ein unmoralisches Angebot")

19. Nov. ***Jodie Foster,***
amerikanische Filmschauspielerin (u. a. „Das Schweigen der Lämmer")

12. Dez. ***Max Raabe,***
deutscher Sänger und Gründer des Palast Orchesters

28. Dez. ***Michel Petrucciani,***
französischer Jazzpianist, litt an der Glasknochenkrankheit, starb 1999

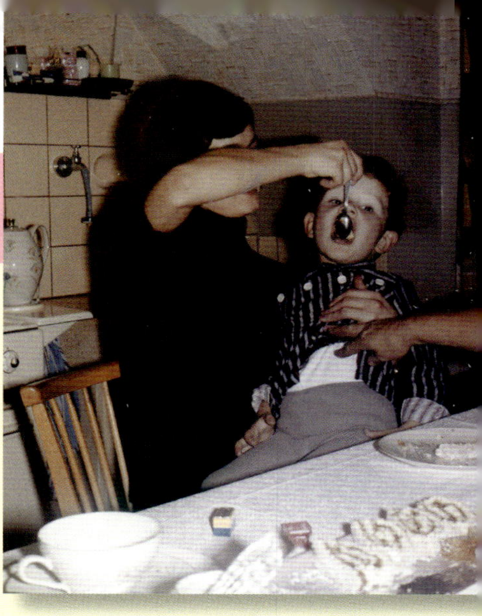

„Raubtierfütterung" nannte man so was früher – ein Löffelchen für die Oma, eins für den Opa …

Ein Löffel für ganz viele Leute

Die Essenszubereitung war ausschließlich Frauensache, Männer hatten in der Küche nichts zu suchen – höchstens mal den Flaschenöffner fürs abendliche Bier. Im Gegensatz zur Pubertät waren Mitesser in den ersten Lebensjahren sehr gefragt. Gegessen wurde gemeinsam und damit wir das Gleiche, was für die Großen gekocht wurde, essen konnten, wurden unsere Portionen so lange mit der Gabel klein gematscht, bis sie selbst für uns „zahnlose Tiger" mühelos zu löffeln waren. Wer schon frühzeitig mit dem obligatorischen Lätzchen um den Hals und brav im Kinderstühlchen sitzend am Tisch der Eltern mitaß, war nicht nur ein großes Kind, sondern trug gleichzeitig seinen Teil zum Einsparen des Haushaltsgelds bei, weil die Eltern weniger Gläschen mit mundgerechter Fertignahrung kaufen mussten.

Unsere Mütter hatten ihre ganz speziellen Tricks drauf, wenn wir mal ausnahmsweise nicht so richtig essen wollten. „Der Teller wird leer gegessen" war damals die vorherrschende Devise, egal, ob man satt war oder nicht. Lebensmittel wegzuwerfen war bei unseren Eltern, die die Hungersnot des Krieges und die Armut der Nachkriegsjahre am eigenen Leibe verspürt hatten, verpönt. Und so wurde uns beim Essen gelegentlich vorgegaukelt, wir täten mit jedem Bissen, den wir schlucken, den von uns sehr geliebten Familienangehörigen einen Riesengefallen: „Ein Löffel für den Papa, einen für die Oma, einen für Tante Edelgard …" Als nach und nach und unter Schmerzen die ersten Beißerchen in unserem Mund gediehen, gab es ein mit Butter oder Teewurst bestrichenes Brot.

Erst noch aufs Töpfchen

Nicht genug, dass wir sitzen, sprechen und laufen lernen mussten. Jetzt sollten wir auch noch sauber werden. Sonst, so mahnten unsere Mütter, dürften wir nicht in den Kindergarten gehen. „Wer in die Hose macht, muss gleich wieder nach Hause", behaupteten sie. Damit uns so was nicht passiert, wurden wir nun andauernd aufs Töpfchen gesetzt. Ob wir mussten oder nicht. Man durfte nicht mehr aus der Wohnung, bevor man diese Prozedur nicht hinter sich gebracht hatte. Nach dem Essen raus und mit Vati Schlitten fahren? Pustekuchen. Erst noch aufs Töpfchen.

Also kauerst du da mit heruntergelassenen Hosen in einer Ecke der Wohnküche und hoffst, so schnell wie möglich ein paar Tröpfchen vorweisen zu können, damit du endlich raus kannst. Aber eigentlich hast du gar nicht das Gefühl, dass du jetzt musst oder kannst. Und weil Sonntag ist und deine gleichaltrige Cousine mit ihren Eltern zu Besuch ist, sitzt sie neben dir, auf einem zweiten, eigens mitgebrachten Töpfchen, und während du noch überlegst, wie du möglichst schnell irgendetwas Flüssiges in dein Töpfchen fabrizieren könntest, da plätschert es neben dir schon fröhlich. Da bekommst du zum ersten Mal eine Ahnung davon, dass Mädchen anders sein müssen als Jungs, doch erst viel später wird die Ahnung zur Gewissheit: Frauen müssen häufiger pinkeln als Männer, sie gehen ständig aufs Klo, und so gesehen entspringt der schnelle Strahl deiner Cousine nicht ihrem Können, sondern einzig einer Laune der Natur. Aber das ist dir damals noch nicht klar, und mit dem eingeschränkten Wissen eines nicht mal ganz Dreijährigen betrachtest du dich in diesem Moment als Verlierer und Versager.

Da sitzt du ständig auf dem Töpfchen, doch manchmal kommt nicht mal ein Tröpfchen.

Hoppe, hoppe Reiter

Ob mit oder ohne Hoppe-Reiter: Auf Omas Schoß fühlten sich alle Enkel wohl.

Wie viele Jahrgänge zuvor und etliche danach rutschten auch wir unermüdlich auf großväterlichen und großmütterlichen Schößen herum, um zur Melodie von „Hoppe, hoppe Reiter, wenn er fällt, dann schreit er" einen stets von starken Armen abgemilderten Sturz zu erleben. „Fällt er in den Graben, denn fressen ihn die Raben, fällt er in den Sumpf, dann macht der Reiter plumps." Und sobald wir laufen konnten, wollten wir fliegen. Das ging tatsächlich. Links und rechts an den Händen von zwei Erwachsenen gehalten, zwei, drei schnelle Schritte und dann die Beine in die Höh': „Engelchen, Engelchen fliiiiiiieg". Das „Engelchen" war in diesem Fall (oder Flug) wirklich ein bezeichnender Ausdruck, denn das Uns-fliegen-Lassen ging den Erwachsenen ganz schön in die Arme (je schwerer wir wurden, desto mehr) und deshalb musste man recht artig sein, wenn man als Engelein zum Fliegen gebracht werden wollte.

„Ich bin ein Berliner"

Bei einem Staatsbesuch in der seit Kurzem geteilten Stadt Berlin sagt der amerikanische Präsident John F. Kennedy am 26. Juni 1963 jenen Satz, mit dem er die Herzen der Deutschen gewinnt, weil er die Solidarität Amerikas so treffend wie kein Zweiter zum Ausdruck bringt: „Ich bin ein Berliner."

Die Menschen in Berlin und in ganz Deutschland sehen dieses Bekenntnis als Zeichen der Hoffnung. Umso entsetzter reagieren sie, als sie zusammen mit der schockierten Weltöffentlichkeit nur fünf Monate später von der Ermordung John F. Kennedys erfahren. Bei einer Fahrt im offenen Wagen durch die Straßen von Dallas wird der amerikanische Präsident von zwei Gewehrschüssen tödlich getroffen.

Der mutmaßliche Attentäter wird auf dem Weg ins Gefängnis von einem Barbesitzer erschossen. Die Umstände und Hintergründe der Ermordung Kennedys werden nie ganz geklärt.

Als Kind gibt es so vieles zu entdecken

Weidenkätzchenzweige mit ausgeblasenen bunten Eiern dran spiegeln das bevorstehende Osterfest wider.

Zwischen Weidenkätzchen und Papierschlangen

Alles, was einem heute nur noch ein müdes Gähnen entlockt oder womöglich sogar kalte Schauer des Entsetzens über den Rücken jagt (weil ein Zusammentreffen mit der „lieben Verwandtschaft“ damit verbunden ist), erlebten wir als Kinder mit prickelnder Neugier und unverhohlener Freude. Die regelmäßig wiederkehrenden Feste des Jahres waren etwas ganz Besonderes. So stand eines schönen Morgens plötzlich ein Weidenkätzchenstrauß mit ausgeblasenen, bunt gefärbten Eiern auf Mutters dreispiegeliger Frisier- und Schminkkommode. Und dann hieß es: „Raus in den Garten, geht mal suchen.“ Und wir entdeckten ein Nestchen mit bunten Eiern und Süßigkeiten und die Eltern nannten uns als Urheber dieses kleinen Wunders den Osterhasen.

Chronik

21. Februar 1965
Der Menschenrechtsaktivist Malcolm X wird in New York ermordet.

4. September 1965
Die Ziehung der Lottozahlen wird erstmals im Fernsehen übertragen.

15. September 1965
Bei einem Konzert der Rolling Stones kommt es in Westdeutschland zu Auseinandersetzungen zwischen Fans und Polizei, bei denen die Berliner Waldbühne fast vollständig zerstört wird.

30. September 1965
Der erste serienmäßig produzierte Panzer der Bundeswehr namens „Leopard" läuft vom Band.

10. März 1966
Die niederländische Kronprinzessin Beatrix heiratet den deutschen Diplomaten Claus von Arnsberg.

5. Mai 1966
Borussia Dortmund gewinnt durch einen 2:1-Endspielsieg gegen den FC Liverpool den Fußball-Europacup der Pokalsieger.

28. August 1966
Radprofi Rudi Altig krönt sein sportlich erfolgreichstes Jahr mit dem Weltmeistertitel.

2. Juni 1967
Der Besuch des persischen Schahs Reza Pahlewi und seiner Frau wird von heftigen Demonstrationen begleitet. Bei einer Straßenschlacht zwischen Polizei und Demonstranten wird der Student Benno Ohnesorg von einer Polizeikugel getötet.

25. August 1967
Das Fernsehen wird farbig. Als erste Sendung wird Vico Torrianis Show „Der Goldene Schuss" ausgestrahlt.

3. Dezember 1967
Dem Chirurgen Dr. Christian Barnard gelingt in Kapstadt die erste Herzverpflanzung. Der 55-jährige Patient, dem er das Herz einer tödlich verunglückten 24-Jährigen einpflanzt, stirbt nach 18 Tagen an einer Lungenentzündung.

Der Nikolaus mit der Rute wirkte mächtig Respekt einflößend. Nur der Mann dahinter scheint den Weihnachtsmann nicht richtig ernst zu nehmen.

Eines Abends, als es schon dunkel war, klopfte jemand an der Wohnungstür. Herein kam eine Gestalt im langen Mantel, mit weißem Bart und roter Mütze, in der einen Hand einen Sack, in der anderen ein paar Zweige. Wir waren noch sehr klein, weshalb der Nikolaus, um den es sich zweifelsfrei handelte, sehr groß und ziemlich Furcht einflößend auf uns wirkte. Natürlich wussten wir, dass nur die bösen Kinder mit der Rute geschlagen wurden und die braven Geschenke bekamen, aber ganz sicher, ob wir immer artig genug gewesen sind, waren wir uns in dem Moment nicht mehr. Bloß gut, dass wir es trotz der Aufregung schafften, die ersten Zeilen eines Weihnachtsgedichtes aufzusagen.

Der Nikolaus war kaum wieder weg, da kam der Tag, an dem wir nachmittags nicht mehr ins Wohnzimmer durften und unsere Eltern sehr geheimnisvoll taten. Wir sollten still im Schlafzimmer warten, am Abend käme das

Christkind, um uns Geschenke zu bringen, hieß es. Und tatsächlich, es kam. Ohne dass wir es sahen, legte es in buntes Papier verpackte Spielzeugautos, Puppen oder Stofftiere unter den mit Süßigkeiten, Kerzen und glitzerndem Lametta behängten Weihnachtsbaum.

Der erste Ausflug mit dem Zug

„Bitte zurücktreten." – „Vorsicht bei der Einfahrt des Zuges." Kaum ein Junge oder Mädchen, von dem es kein Bild auf einem mehr oder weniger belebten Bahnsteig im elterlichen Fotoalbum gibt. Einen fahrbaren Untersatz, wie man damals salopp zum Auto sagte, hatten nur die wenigsten. Die ersten Ausflüge wurden deshalb meist mit der Bahn unternommen. Oft fuhr man nur ein paar Stationen. Zum nächsten Stadtgarten, in den Zoo oder an einen See war es gar nicht so weit. Uns Kindern kam es trotzdem wie eine halbe Weltreise vor. Entsprechend aufgeregt hüpften wir bis zur Ankunft des Zuges auf dem Bahnsteig herum. Deshalb sind manche dieser Bahnsteigbilder ein wenig verwackelt.

Bevor es sonntags von zu Hause fortging, mussten wir uns erst mal schick machen lassen. Und das bedeutete zumeist die gleichen Sachen anzuziehen wie sie Mama oder Papa trugen, bloß in kleiner. Die Mädchen litten unter kratzigen Strumpfhosen und weißen Blusen, die nicht schmutzig werden durften, die Jungs wurden in dunkle Anzüge (mit Einstecktuch in der linken Brusttasche) gesteckt und mit den Hals erdrückenden Fliegen malträtiert. Wie sehnten wir uns danach, endlich wieder in unsere Latzhosen aus Jeansstoff schlüpfen zu dürfen.

Wer reiste, nahm den Zug. Längst nicht jede Familie hatte ein eigenes Auto.

Hände hoch oder ich schieße! Aber so richtig bedrohlich wirkt der kleine lachende Cowboy nicht.

Traumberuf Cowboy

War es der heimliche Drang nach Freiheit und Abenteuer oder nur der Einfluss des Vorabendprogramms derjenigen, die schon einen Fernseher hatten? Während die Mädchen geduldig ihre kleinen Ministeckteilchen zu immer neuen, farbenfrohen und von den Erwachsenen hochgelobten Bildern zusammensetzten, spielten die Jungs weit weniger beachtet, aber nicht minder intensiv mit ihren Westernstädten. Wilde Schießereien und Verfolgungsritte wechselten sich ab. Ganz so wie man es bei den „Leuten von der Shiloh Ranch“ oder „Westlich von Santa Fe“ gesehen hatte.

Weil es zahlreiche Haushalte gab, in denen noch kein Fernseher stand, waren viele von uns darauf angewiesen, zur besten Westernsendezeit am späten Nachmittag bei den Nachbarn unterzuschlüpfen.

So wurde damals für Matchbox-Autos geworben, einem der Lieblingsspielzeuge der Jungs.

Legosteine und Matchbox-Autos

In einer großen Kiste – aus Pappe, nicht aus Plastik! – wurde das Lieblingsspielzeug aufbewahrt. Für viele waren es bunte Legosteine, die damals Montini hießen. Wenige Steine und viel Fantasie genügten, um ein Haus entstehen zu lassen, nebst Stall für die Tiere und einer großen Garage für die Spielzeugautos, bei denen die teureren von Matchbox in der Minderzahl waren. Stattdessen mussten erst mal die von älteren Geschwistern geerbten oder von Verwandten „entspeicherten“ alten Blechautos herhalten, zu denen es gleichermaßen blecherne Berg-und-Tal-Rennbahnen gab. Mädchen, die eine eigene Puppenstube besaßen, ließen die Legosteine irgendwann links liegen und kümmerten sich lieber um ihre Spielzeugpuppen.

Weil sich unsere Väter in ihrer Freizeit häufig als Heimwerker übten, wollten auch wir hämmern, schrauben und sägen. Dafür gab es spezielles Kinderwerkzeug aus Holz. Noch waren wir keine Meisterbohrer oder Spitzenhämmerer – der erste uns diesbezüglich zugedachte Meistertitel war wohl der einer „Nervensäge".

Das Bobby Car war damals noch ein Traktor

Besonders in ländlichen Gefilden zählte der Bulldog (hochdeutsch: Traktor) neben der Lokomotive und dem Bus zum Faszinierendsten, was die Welt an Fortbewegungsmitteln zu bieten hatte. Und so bekam, wer Glück hatte, eines Tages zum Geburtstag einen Kindertraktor mit Pedalen und Lenkrad geschenkt, auf dem man mit einem Affenzahn durch die Wohnung und im Freien herumfahren konnte. Von einem Bobbycar war nie die Rede. Das höchste der Gefühle aber war es, auf einem richtigen Traktor Platz zu nehmen, und zwar nicht hinten auf dem Anhänger, sondern vorne, hoch oben, seitlich neben dem Fahrer, wo man sich während der Fahrt gut festhalten musste.

Das Leben auf dem Lande zeichnete sich vor allem durch seine Nähe zu allen möglichen Tieren und den „natürlichen" Abenteuerspielplätzen aus. Katzen und Hunde liefen frei auf der Straße herum, ohne überfahren zu werden. Da wurden die Eier allmorgendlich den Hühnern unterm Hintern weggezogen, man ging abends zum Bauern, um sich die Milchkanne füllen zu lassen und sah auf der wenig befahrenen Straße das eine oder andere Pferdegespann vorübertraben.

Zum nächsten „Streichelzoo" war es nicht weit. Beim einen Nachbarn durften

Ländliche Idylle mit Kühen auf der Weide – doch diesen Jungen scheint etwas anderes zu beschäftigen.

Eine Fahrt mit dem Traktor war in ländlichen Gefilden etwas höchst Erstrebenswertes.

wir die Kaninchen streicheln, beim nächsten die Hühner im Hof füttern oder im Stall beim Melken der Kühe zuschauen. Mancherorts wurden Schweine gehalten und regelmäßig geschlachtet, aber in rohem Zustand sah das Fleisch doch ziemlich eklig aus.

Über halsbrecherisch steile Leitern gelangten wir auf die Heuböden alter Scheunen, wo man sich toll verstecken konnte. Auch der zugige Dachboden älterer Wohnhäuser eignete sich hervorragend für Abenteuerspiele mit den Freunden. Im Gegensatz zu den Rasenflächen städtischer Parkanlagen war das Betreten von Wiesen im Dorf nicht verboten. Nur wenn Kühe drauf weideten und sich ein elektrischer Zaun drum herum befand, hieß es Abstand halten.

Geliebter Sandkasten

Wohl dem, der einen eigenen Sandkasten hinterm Haus oder im Hof hatte und sich das Gelände nebst Schaufel und Förmchen nicht mit anderen Kindern auf einem öffentlichen Spielplatz teilen musste. Unsere Eltern wussten ganz genau: Mit einem Eimerchen, einer Schaufel und einem kleinen Rechen (das Standard-Sandkasten-Set) können wir uns stundenlang im Sand beschäftigen; sowohl am Urlaubsstrand als auch zu Hause. Wenn der Sand schön trocken und ohne Steine war, ließ sich das Sandmühlenrad am schnellsten zum Drehen bringen.

Wer wird denn gleich in die Luft gehen?

Eine Zeichentrickfigur aus der Zigarettenwerbung eroberte in den 60er-Jahren die Sympathien der Raucher und Nichtraucher. Der Ausspruch, mit dem eine riesige Hand das aufbrausende Kerlchen in jedem Werbespot zurück auf den Boden holte, wurde zum geflügelten Wort: „Mein Freund: Wer wird denn gleich in die Luft gehen?“

Diesen Satz bekamen auch all jene zu hören, die im täglichen Leben genau so schnell ausrasteten wie Bruno, das aufgeregte HB-Männchen. Mit den Werbespots, die stets in den Ratschlag mündeten: „Greife lieber zur HB, dann geht alles wie von selbst“, brachte der Hamburger Zigarettenhersteller BAT das HB-Männchen und seine Glimmstängel in aller Munde. Doch das Verbot für Zigarettenwerbung im Fernsehen vertrieb Bruno 1972 für immer vom Bildschirm. Nur im Kino ging das kleine HB-Männchen bis Anfang der 80er-Jahre mit zornesrotem Gesicht in die Luft. Dann verschwand es in der Versenkung. Doch, o Wunder, im Jahre 2005 ließen die HB-Leute ihren Bruno wieder auferstehen.

Der Onkel mit dem drehbaren Aschenbecher

Eines der faszinierendsten Spielzeuge – obwohl eigentlich nicht als ein solches gedacht – hatte ein ewig qualmender Onkel: einen großen, runden Aschenbecher mit Drehteller. Wenn man den Knopf herunterdrückte, senkte sich nicht nur der Teller, auf dem die Asche lag, sondern er geriet ins Rotieren, wodurch die Asche ins Innere des Aschenbechers geschleudert wurde. Wenn man freilich nur ganz kurz und heftig draufdrückte, katapultierte es die Asche schon mal quer übern Wohnzimmertisch, was weder im Sinne des Erfinders noch des Onkels und der Tante war.

Nach solchen Ausrutschern war es durchaus angebracht, das nächste Mal ein Geschenk mitzubringen. Was Selbstgebasteltes. Am besten konnten wir Flaschen und Blumentöpfe bemalen und bekleben. Die Rohstoffe waren quasi Abfallprodukte und mit ein wenig Geschick ließen sich daraus ansehnliche Kunstwerke machen.

Der Klapperstorch vor Kinderwägen. Trotz Zuckerchen auf dem Fensterbrett brachte er jedoch nicht immer die ersehnten Babys.

Ein Zuckerchen für den Klapperstorch

Ebenso ausdauernd wie naiv zeigten sich jene, die sich sehnlichst ein Brüderchen oder Schwesterchen wünschten. Irgendjemand brachte das Gerücht auf, man müsse abends nur ein Stück Würfelzucker aufs Fensterbrett legen, damit nachts der Klapperstorch käme und ein Baby bringen würde. Am anderen Tag war der Zucker zwar manchmal verschwunden, aber von einem Baby keine Spur. Und wieder stand ein Tier im Zwielicht. Weil der Klapperstorch versagte, musste man sich wohl oder übel auf ein Leben ohne Brüderchen und Schwesterchen einstellen; oder sich – je nachdem – mit den bereits vorhandenen älteren Geschwistern abfinden.

Den ganzen Tag dudelt das Radio

Der faszinierendste Gegenstand im gesamten Haus war das Radio. Es öffnete, solange man noch keinen Fernseher hatte, das Tor zur Welt und lief vielerorts den ganzen Tag. Wenn die Nachrichten kamen, mussten wir ganz still sein, jedenfalls wenn Papa sich im Zimmer befand. Auch die Reiserufe verfolgten wir aufmerksam, obwohl sie uns nie etwas angingen. Es hörte sich aber stets sehr spannend an, wenn es hieß: „Herr Müller aus Hintertupfingen wird gebeten, sofort zu Hause anzurufen." In anderen Durchsagen warnten Reparaturwerkstätten den Lenker eines bestimmten Fahrzeugs, dass seine Radmuttern nicht richtig angezogen worden sind und Apotheken fahndeten nach Kunden, denen man versehentlich ein falsches Medikament mitgegeben hatte.

Manches Radio stammte noch aus den 50er-Jahren.

Weil viele Leute kein Telefon besaßen, waren solche Radiodurchsagen die einzige Möglichkeit, jemanden im Notfall schnellstens zu erreichen.

Die meiste Zeit freilich kam im Radio Musik. Wenn Roy Black „Ganz in weiß“ sang, summte Mama manchmal leise mit – bei Peter Alexanders „Der letzte Walzer“ auch; nur Freddy musste „Hundert Mann und ein Befehl“ alleine singen.

Das Glück der Erde auf dem Schaukelpferde

Der Blick in die Kamera wirkt ein wenig gekünstelt. Aber Zahnlücke, Schaukelpferd, Stehlampe, Gardinen und Topfpflanze sind ja so was von echt.

Das Glück der Erde auf dem Rücken der Pferde? Da ist wohl wirklich was dran. Die mittels Münzeinwurf in Bewegung zu versetzenden Schaukelpferde vor den Kaufhaustüren zogen uns magisch an. Jedes Mal bettelten wir so lange, bis wir endlich ein Geldstück fürs Reiten bekamen. Später stiegen wir auf Karussell-Pferde um, und wenn man sehr viel Glück hatte, durfte man, wenn ein kleiner Wanderzirkus im Ort war, beim Ponyreiten auf einem richtigen Pferd ein paar Runden drehen. In Ermangelung eines ständig zur Verfügung stehenden Reitpferdes begnügten wir uns ansonsten damit, unserem Tretroller (mit Klingel und Fuchsschwanz am Lenker) die Sporen zu geben. Und außerdem gab es ja auch noch die Schaukeln im Hof, auf dem Spielplatz oder im Garten. Nachdem wir erst einmal den Bogen raus hatten, wie man sich selber mit viel Schwung „anschuckt“, konnte es uns gar nicht hoch genug hinausgehen. Und natürlich versuchten wir von der Schaukel „im Währenden“ abzuspringen, dabei möglichst weit zu kommen und trotzdem weich zu landen.

Weil wir noch nicht lesen konnten, bekamen wir Bilderbücher vor die Nase gehalten, aus denen uns die Eltern manchmal vorlasen. Auf diese Weise machten wir Bekanntschaft mit den Märchen der Gebrüder Grimm und den

Benimmregeln, wie sie im Struwwelpeter-Buch aufgestellt wurden. Der Struwwelpeter lehrte uns beispielsweise, unsere Suppe immer schön aufzuessen, weil wir sonst ganz dünn werden würden. Und man durfte bei Tisch nicht mit dem Stuhl kippeln, weil sonst alles runterfallen würde.

Auf dem Karussell fahren alle gleich schnell; sowohl auf dem Motorrad als auch im Hubschrauber.

Kaffeekränzchen mit Sammeltassen und fünf Kerzen, die unschwer erraten lassen, der wievielte Geburtstag hier gefeiert wird.

Darf ich bitten? Eszet-Schnitten!

Als Kinder fanden uns fast alle süß. Von der Ernährung her taten wir alles, um diesem Ruf gerecht zu werden. Marmeladenbrote zählten ebenso zu unseren Leibspeisen wie Schokoladiges. Gab es etwas Köstlicheres als ein Butterbrot, auf das mithilfe von Mamas Küchenraspel die zarten Krümel einer Tafel Schokolade gerieben wurden? Diese Eigenkreation wurde – vor allem aus Kostengründen – der industriell gefertigten Variante vorgezogen. Jener damals gerade erst zum Schokoladetäfelchen gewordene Buchstabe, der zu Beginn des 21. Jahrhunderts durch eine höchst umstrittene Rechtschreibreform teilweise getilgt wurde, hat zumindest als Produktbezeichnung bis heute überlebt. Die Rede ist von Eszet-Schnitten. Der Name hat in Wirklichkeit aber gar nichts mit dem „scharfen“ s („ß“) oder eben „esszett“ zu tun, sondern geht auf die Anfangsbuchstaben des ursprünglichen Herstellerduos Staengel & Ziller zurück. „Darf ich bitten? Eszet-Schnitten!“ hieß lange Zeit der Werbespruch. Doch die meisten baten nicht, sondern bettelten: nach Nutella, dem cremigen Aufstrich, der uns letztlich doch viel besser schmeckte als die dünnen Täfelchen. Süßes musste eben auch schön schmierig sein.

Beim Sommerfest im Kindergarten kam man Hand in Hand hereinmarschiert.

Im Keller eingesperrt

In den überfüllten Kindergärten wurde in den 60er-Jahren zumeist ein strenges Regiment geführt. Es kam schon mal vor, dass Jungs oder Mädchen, die etwas Böses gesagt hatten, stundenlang mit einem Knebel im Mund auf einem Stuhl gefesselt dasitzen mussten oder ein unartiges Kind kurzerhand in den Keller gesperrt wurde, wo es den Rest des Morgens allein im Dunkeln verbringen musste. Es gab ja für die Unmenge von Kindern, die da auf einem Haufen zusammengepfercht waren, nur eine richtige Kindergärtnerin, die Schwester (mit Häubchen auf), und der halfen freiwillig einige Mütter, die von uns Tanten genannt wurden. Wer auch nachmittags in den Kindergarten ging, wurde übrigens jeden Tag erst mal schlafen gelegt – ob er wollte oder nicht. Mittagsschlaf musste sein. Mehr Spaß gemacht haben uns die Vorführungen beim Kindergarten-Sommerfest. Da wurde im Reigen getanzt und aus Leibeskräften gesungen.

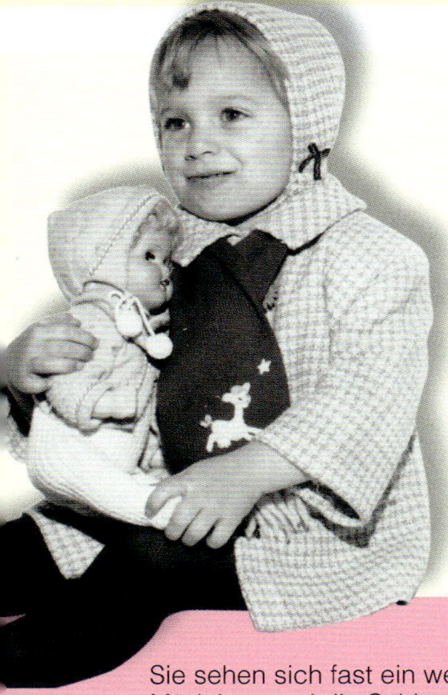

Sie sehen sich fast ein wenig ähnlich – das Mädchen und die Schlummerle-Puppe, bei der die Augen zugingen, wenn man sie hinlegte.

Eine sprechende Puppe

„Mama, ich bin müde." Nein, wir Kinder sagten so was nie, schon gar nicht abends, wenn es hieß, dass es nun gleich ins Bett geht. Diese Worte stammen von der ersten sprechenden Puppe, die unser Kinderzimmer (sofern man schon ein eigenes hatte) erobert hat. Spätestens nach zwei, drei Monaten waren die Batterien leer und selbst mit neuen Batterien machte der Mechanismus ziemlich schnell schlapp, sodass die sprechende zur schweigenden Puppe und die laufende zur liegenden

Hallo Häschen, was machst denn du da hinterm Baum?

wurde. Einfacher zu handhaben waren dagegen die „Schlummerle" – jene Puppen, die – wenn man sie hinlegte – die Augen zumachten und wenn man sie hinsetzte, diese wieder öffneten.

Von Gänseblümchen und Seifenblasen

Schon früh begriffen wir Jungs, dass man einem weiblichen Wesen mit einem kleinen Blumenstrauß eine große Freude machen kann. Am leichtesten zu finden und zu pflücken waren Gänseblümchen. Und so verging kaum ein Spaziergang, bei dem wir nicht auf eine Wiese rannten, um unserer Mutti einen Gänseblümchenstrauß zu pflücken. Die strahlte jedes Mal übers ganze Gesicht, wenn sie von „meinem kleinen Blumenkavalier" oder „meiner süßen kleinen Prinzessin" ein Sträußchen in Empfang nahm. Die Mädchen pflückten außerdem für sich selbst Blümchen, um sie zu einem Kranz zu flechten, den sie sich auf den Kopf oder um den Hals legten – ein Schmuckstück, das freilich nur von kurzer Lebensdauer war.

Schnell platzten auch die Seifenblasen. Trotzdem machte es uns riesigen Spaß, sie aus der Fertiglauge mithilfe eines Bogendrähtchens vorsichtig blasend zu erzeugen. Man musste nur aufpassen, dass man die länglichen blauen Döschen mit der Lauge nicht umwarf, nachdem man sie aufgeschraubt hatte. Manchmal versuchten unsere Väter, eigene Seifenlauge für Seifenblasen zusammenzumischen, aber das ging meistens schief und die Brühe wurde einfach zum Putzen verwendet.

Blumen pflücken für die Mutti – das haben Mädchen und Jungen gern gemacht.

Das Wembley-Tor

Auf oder hinter die Linie? Wohin prallte der von Englands Stürmer Hurst getretene Ball tatsächlich, nachdem er während des WM-Finales am 30. Juli 1966 im Wembley-Stadion von der Unterkante der Querlatte des deutschen Tores zurück aufs Spielfeld prallte? Die meisten Deutschen und die BILD-Zeitung waren sofort überzeugt: „Er war nicht drin, niemals!“ Nur Bundespräsident Heinrich Lübke gestand kleinlaut: „Im ersten Schock habe ich ihn im Tor gesehen.“ Da im Fußball aber nicht der Bundespräsident, sondern der Schiedsrichter entscheidet, blickten in jener elften Minute der Verlängerung alle Augen auf den Schweizer Unparteiischen Gottfried Dienst. Der war sich seiner Sache auch nicht sicher und rannte zum russischen Linienrichter Bachramow. Kurze Beratung an der Seitenlinie. Dann entschied „das Blindenpaar“ (so ein erboster deutscher Radioreporter) auf Tor für England. Es stand 3:2, das Spiel war gelaufen. Am Ende hieß es 4:2 für die Elf aus dem Mutterland des Fußballs.

Das Wembley-Tor lag den deutschen Fans schwer im Magen. Unzählige Protestbriefe wurden an den Deutschen Fußball-Bund geschickt und ein Professor aus dem Schwäbischen plädierte gar dafür, die Schulbücher abzuändern, „da die Briten dort immer noch als nobles Volk dargestellt“ würden. 17 Fernsehkameras waren an jenem fraglichen Tag im Stadion. Doch trotz Zeitlupe, Standbild und Computertechnik gelang es nicht herauszufinden, ob das dritte Tor der Engländer wirklich eines war oder nicht. Objektiv ein Rätsel; aus deutscher Sicht: kein Tor!

Die deutschen Fußballspieler laufen nach dem Ende des legendären Spiels in England 1966 eine Ehrenrunde.

Ohne Bär geht gar nichts

In unserer Kindheit gab es ein Tier, das uns in scheinbar allen Lebenslagen zur Seite stand: der kuschelige Teddybär, der beim Einschlafen unverzichtbar war. Wenn man mal krank wurde, half ebenfalls das Kuscheltier. Hatten wir Husten, kam sogar der Hustinetten-Bär, schon war der Husten nicht mehr so schwer. Unsere Mütter kurierten sich mit Klosterfrau Melissengeist

Der kuschelige Teddybär stand uns in allen Lebenslagen zur Seite und wurde von uns entsprechend geliebt.

und uns verabreichten sie zur Vorbeugung Sanostol-Saft, „den süßen Löffel voller Vitamine“, oder einen Schluck aus der Rotbäckchen-Flasche. Damit wir ja nicht krank wurden. Wenn es richtig schlimm geworden wäre, hätten wir allein ins Krankenhaus gemusst. Den Muttis war damals der Zutritt zu den Kinderstationen verwehrt.

„Aktenzeichen XY … ungelöst“

„Angefangen hat alles mit persönlichem Ärger, denn ich bin selbst einmal hereingelegt worden.“ Seit 1964 warnt Eduard Zimmermann in seiner Sendung „Vorsicht, Falle!“ vor „Neppern, Schleppern, Bauernfängern“. 1967 geht er einen Schritt weiter: Die Fernsehzuschauer sollen der Polizei bei der Aufklärung ungelöster Kriminalfälle helfen. „Den Bildschirm zur Verbrechensbekämpfung nutzen, das ist der Sinn dieser Sendereihe.“ Mit diesen Worten erklärt „Ede“ Zimmermann, dessen abgekürzter Vorname eher an einen Panzerknacker denn an einen Polizeihelfer erinnert, den Zuschauern die neue Sendereihe „Aktenzeichen XY … ungelöst“. Damit sich die Leute an den Fernsehgeräten ein besseres Bild von dem kriminellen Geschehen machen können, werden die behandelten Fälle von Laiendarstellern nachgespielt. Echte Kriminalbeamte erläutern anschließend, worauf es ihnen bei der Fahndung ankommt.

Bereits nach der sechsten Sendung, live ausgestrahlt am 7. Juni 1968, kann der erste Mordfall mithilfe der XY-Zuschauer gelöst werden. Zwölf Stunden nach der Fernsehfahndung wird der Täter festgenommen. Noch im selben Jahr klinkt sich Österreich und 1969 auch die Schweiz mit ihren Kriminalfällen ein. Zimmermanns Worte „Und nun zu Peter Nidetzky nach Wien“ haben viele Zuschauer von damals bis heute im Ohr. „Aktenzeichen XY … ungelöst“ behauptet sich über Jahrzehnte hinweg. Die Aufklärungsquote der vorgestellten Fälle liegt bei stolzen 40 Prozent. Manche bezeichnen „Aktenzeichen XY“ heute als erste Reality-TV-Sendung Deutschlands, obwohl Eduard Zimmermann stets erfolgreich darum bemüht war, selbst schlimmste Verbrechen seriös und unaufgeregt zu schildern.

Zwischen Schulstress und Fernsehspaß

Der erste Schultag und alles, was man dazu braucht: bunte Schultüte, brauner Tornister und weiße Socken.

Mit Schultüte und Tornister

Von wegen „jetzt beginnt der Ernst des Lebens“ – das wäre ja ein kurzer Spaß gewesen, wenn mit sechs Jahren tatsächlich schon alles vorbei gewesen wäre. War's aber nicht. Im Gegenteil: Es ging erst richtig los. Wir fühlten uns ein wenig mulmig, als wir eines schönen Frühlingstags mit unseren farbenfrohen Papiertüten und dem braunen Ledertornister auf dem Rücken vor der Schule standen. Man hatte uns zwar allerhand erzählt, vom Stillsitzen- und Aufpassen-Müssen, vom Lesenlernen und Schreiben-Üben, aber trotzdem wussten wir nicht so recht, was da nun auf uns zukommen würde. Auf einmal waren wir mit unseren künftigen Schulkameradinnen und

-kameraden allein im Klassenzimmer. Unsere Eltern mussten draußen warten. Bei uns drin war's mucksmäuschenstill. Nur der Lehrer hat geredet und dann war auch schon die erste Stunde rum.

Nix wie raus und zurück zu den Eltern. Dem Schulanfang vorausgegangen war vielerorts eine etwas seltsame körperliche Untersuchung, bei der man seine Schultauglichkeit unter anderem dadurch unter Beweis stellen musste, dass man seinen Arm über den Kopf legte, um mit den Fingern einer Hand das gegenüberliegende Ohr zu berühren. Wem das gelang, der hatte schon mal die erste Hürde genommen. Wer es nicht schaffte, wurde unter Umständen zurückgestellt. Offensichtlich glaubte man, an dieser Übung das altersgemäße Wachstum ablesen zu können. Was innerhalb des Kopfes, über den man seine Arme streckte, vor sich ging, schien vorerst weniger zu interessieren.

Was tun mit einer Squaw?

Das Cowboy- und Indianer-Spielen gestaltete sich im Großen und Ganzen stets gleich, aber mit der Zeit wurden die männlichen Akteure etwas frecher. Und manchmal gelang es ihnen sogar, eines der Mädchen als Squaw am Marterpfahl zu fesseln. Jüngere Geschwister waren diesbezüglich die besten Opfer.

Chronik

18. Februar 1968
In Grenoble gehen erstmals bei Olympischen Spielen zwei getrennte deutsche Mannschaften an den Start.

4. April 1968
Der amerikanische Bürgerrechtler und Friedensnobelpreisträger Martin Luther King wird von einem weißen Rassenfanatiker ermordet. Sein Tod löst in den USA schwere Rassenunruhen aus.

11. April 1968
Die Studentenproteste gegen die Missstände in der Gesellschaft erhalten eine neue Dimension, als der Studentenführer Rudi Dutschke bei einem Mordanschlag in Berlin schwer verletzt wird.

15. – 30. Mai 1968
Verabschiedung der Notstandsgesetze.

1. September 1969
Das Sexualstrafrecht wird liberalisiert. Homosexualität unter Erwachsenen ist in der BRD (in der DDR schon ein Jahr früher) nicht mehr grundsätzlich strafbar.

15. August 1969
Auf den Sumpfwiesen einer Farm bei Woodstock beginnt das legendäre, von 400 000 Menschen besuchte dreitägige Popfestival.

21. Oktober 1969
Der Bundestag wählt mit Willy Brandt erstmals einen sozialdemokratischen Kanzler.

18. September 1970
Der 27-jährige Popmusiker und Gitarrist Jimi Hendrix wird in seinem Londoner Appartement tot aufgefunden.

7. Dezember 1970
Polens Ministerpräsident Cyrankiewicz und Bundeskanzler Willy Brandt setzen ihre Unterschriften unter den letzten der Ostverträge.

Mai 1971
Erich Honecker löst den seit Gründung der DDR dominierenden Walter Ulbricht als SED-Generalsekretär ab.

Dezember 1971
Friedensnobelpreis für Willy Brandt.

Die Klettergerüste auf den Spielplätzen boten die Möglichkeit, die Welt einmal aus ganz anderer Sicht zu betrachten.

Das Lachen würde diesen Squaws schon noch vergehen, sobald sie von den Indianern an den Marterpfahl gefesselt werden würden.

Das Argument „sonst darfst du nicht mitspielen" zog. Wenn es einem der Jungs gelang, der Squaw am Marterpfahl eine lebende Spinne auf den Kopf zu setzen, klang das Gekreische der Gefesselten fast so echt wie im Film.

Um Mutproben zu bestehen, kletterten Jungs auf hohe Bäume, sprangen von Garagendächern und einige stopften sich sogar lebendige Insekten in den Mund, die sie kurz kauten und runterschluckten.

Trink, trink, Brüderlein trink …

Jeder hatte ein Einkommen und sein Auskommen damit. Als unsere Eltern es schafften, nebenher ein bisschen was auf die hohe Kante zu legen, reiften die Träume vom eigenen Heim. So mancher, der bisher in Miete wohnte, machte sich daran, ein eigenes Häuschen zu bauen. Wer gerade nicht baute oder auf ein Auto sparte, der feierte die Feste, wie sie fielen. Das bevorzugte Getränk

Ein Kübel voller Bowle stand bei fast jedem festlichen Anlass auf dem Tisch.

war die Bowle. Sie wurde in einem großen bauchigen Glasbehälter auf den Tisch gestellt und die Gläser mit einer Schöpfkelle gefüllt. An der Oberfläche schwammen unzählige Fruchtstückchen. Mit farbigen, oft kunstvoll verzierten zahnstocherartigen Pickern konnte man die Fruchtstücke aus dem Glas fischen, was uns Kindern riesig Spaß machte, aber uns besorgte Blicke von Mama einbrachte: „Das Kind bekommt doch einen Schwips!“ Also mussten wir warten, bis die Großen mal wieder schunkelnd „Trink, trink, Brüderlein trink“ sangen und dann heimlich das eine oder andere Stückchen aus Mamas oder Papas Glas stibitzen.

Der fliegende Elefant

Am 9. Februar 1969 hebt das vierstrahlige Riesenflugzeug der US-Firma Boing zu seinem ersten Flug ab. Die Maschine ist nicht nur in der Luft, sondern auch in aller Munde. Verniedlichend nennt man sie Jumbo, den fliegenden Elefanten. Die offizielle Serienbezeichnung Boing 747 ist nur was für Experten, alle anderen sprechen vom Jumbojet. Der wird im Laufe der Jahre zum erfolgreichsten Düsenpassagierflugzeug der Geschichte. 1970 absolvierte die Boing 747 ihren ersten Flug über den Atlantik.

In Frankreich unternimmt ein anderer Flugriese, die Concorde 001, am 2. März 1969 ihren Jungfernflug. Geschwindigkeit ist keine Hexerei mehr, sondern eine Angelegenheit der Flugzeugbauer. Am 1. Oktober durchbricht die Concorde zum ersten Mal die Schallmauer. Die Ära des überschallschnellen Passagierflugverkehrs ist damit eingeleitet. Doch erst nach acht weiteren Testjahren beginnt der kommerzielle Passagierverkehr mit der Concorde.

Das waren noch Zeiten! Die Besucherterrasse des Frankfurter Flughafens und im Hintergrund ein Jumbo-Jet.

Dia-Abende bis zum Gehtnichtmehr

All jene, die mit ihren Eltern nicht oder noch nicht in den Urlaub fahren konnten, waren gleich doppelt gestraft. Zum einen, weil ihnen die sonnigen Strände der Adria und der Riviera vorenthalten blieben, und zum anderen, weil sie unter den endlos langen und endlos langweiligen Dia-Abenden jener Verwandten zu leiden hatten, die im Ausland gewesen waren und die nun alle, die sie kannten, an den Lichtbild gewordenen Eindrücken teilhaben lassen wollten.

Wenn sich alle gestärkt hatten und die erste Flasche Kellergeister entkorkt oder ein Krug vom hauseigenen Most aus dem Keller geholt war, wurde der Diaprojektor in Position gebracht, die Leinwand ausgerollt und das Zimmer verdunkelt. Der Durchlauf von gefühlten 50 000 Dias (in Wirklichkeit waren es vermutlich etwas weniger) war nur zu ertragen, wenn man im Schutz der Dunkelheit die herrlich salzigen Tuc-Scheibchen in sich hineinstopfte. Leider knirschten die Tuc-Cracker so laut, dass man nur beißen konnte, wenn gerade alle lauthals lachten oder sich der Reise-Onkel mit dem daheim gebliebenen Onkel darüber stritt, ob es sich bei dem Auto im Hintergrund des Bildes um einen Opel oder einen VW handelt.

Eines der zahlreichen Sammelalben, das man für Gloria-Sammelpunkte auf Nudeln, Schokolade und Malzbier bekam: „Mexico – Olympische Sommerspiele 1968“.

Gletschereis mit Gloria-Punkten

Wir sammelten mit Glanz und Gloria – Gloria, so hieß ein großer Bilderdienst. Er lieferte Aufnahmen von Fußballspielern, brachte aber auch Sammelalben zum Thema „Safari“ (1969, Autor Hans Dossenbach), „Olympische Spiele“ und „Sternstunden der Erd- und Weltgeschichte“ (1971) heraus. Um an Gloria-Bilder zu kommen, musste man möglichst viele Punkte sammeln, die auf den Packungen verschiedener Produkte aufgedruckt waren. Deshalb aßen wir bevorzugt Ritter Sport-Schokolade, lutschten am liebsten Gletschereis von Rachengold, tranken literweise Vitamalz und nötigten unsere Mütter, möglichst oft Drei-Glocken-Eiernudeln und Pfanni-

Semmelknödel einzukaufen, damit wir so schnell wie möglich die Sammelpunkte für das nächste Album zusammenbekamen. Die musste man dann einschicken und als Gegenleistung gab es den kompletten Bildersatz sowie für 5,75 Mark zusätzlich das passende Album dazu. Auf den Bildrückseiten wurde uns verdeutlicht, welch einen Schatz wir da besaßen: „Der GLORIA-Bildband mit den eingeklebten Farbbildern stellt eine wertvolle Bereicherung Ihrer Bibliothek dar und wird Sie täglich erfreuen."

Als Neil Armstrong als erster Mensch den Mond betrat, sahen Millionen Menschen an den Bildschirmen zu.

Wir haben den Mann im Mond gesehen

Angeblich haben im Juli 1969 über 90 Prozent der Deutschen zugeschaut, als der erste Mensch den Mond betrat. Obwohl er dies mitten in der Nacht tat (nämlich kurz vor 4 Uhr), versammelten sich unzählige Menschen vor den Fernsehgeräten. Selbst wir, die wir gerade sieben Jahre alt waren, durften, wenn wir denn nicht zu müde waren, mit dabei sein. Und so saßen wir in unseren Schlafanzügen gebannt vor den Fernsehern, um den Männern in den Raumanzügen zuzusehen, wie sie nach ihrem Apollo-Flug durchs Weltall auf dem Mond landeten. Das Bild war unscharf und der Ton kaum zu verstehen – nicht nur, weil die Astronauten englisch sprachen. Erst viel später bekamen wir mit, welch bedeutungsschwangere Worte Neil Armstrong von sich gegeben hat, als er seinen Fuß von der letzten Leitersprosse der Landefähre auf den Mondboden setzte: „Ein kleiner Schritt für einen Mensch, ein großer Schritt für die Menschheit."

Obwohl deutsche Weltraumexperten in heimischen Fernsehstudios nach Kräften bemüht waren, anhand von Skizzen und Modellen alles ganz genau zu erläutern, klang vieles für uns unglaublich.

Den Erwachsenen ging es nicht anders. Zehntausende von Zuschauern riefen während der stundenlangen Fernsehübertragungen in den eigens eingerichteten Mond-Studios an, um Fragen zu stellen. Dieses Ereignis sprengte schier das Vorstellungsvermögen. Und nicht wenige gab es, die hinterher behaupteten, das alles habe überhaupt nicht stattgefunden. Die Amerikaner hätten sich das Ganze nur ausgedacht und die Aufnahmen von der angeblichen Mondlandung seien irgendwo in einem Filmstudio gedreht worden. In Wirklichkeit sei noch nie ein Mensch auf dem Mond gewesen und würde auch nicht dorthin kommen.

Eine Puppe, die pinkeln kann

Die Puppenentwicklung machte rasche Fortschritte und bald gab es Exemplare, denen man sogar das Fläschchen geben konnte; ein Fläschchen mit echter Flüssigkeit, zum Beispiel Wasser. Der Clou war, dass die Puppe alles, was sie getrunken hatte, anschließend wieder hinaus pinkelte, wenn man sie aufs Töpfchen setzte. Erst nach und nach bekamen wir echte Barbies, für die die Mädchen neue selbst genähte Kleider entwarfen, während sich die Jungs mit den Big-Ben-Figuren zufriedengaben, wie sie waren, und nicht ständig deren Garderobe veränderten.

Dazu passte, dass die Mädchen versuchten, die ausgedienten Petticoats ihrer Mütter in Ballkleider zu verwandeln, wie sie sie aus den heiß geliebten Sissi-Filmen kannten. Und eigentlich hätten alle Kinder als Berufswunsch damals Verkäuferin, Briefträger und Arzt angeben müssen. Denn Kaufladen, Post und Arztkoffer waren wohl die flächendeckend beliebtesten Spielsachen dieser Zeit.

Heidschi-Bumbeidschi-Bum-Bum

Zugegeben, wir haben nicht so eine schöne, glockenhelle Stimme und wir versprechen unserer Mamaaa auch nicht, ihr ein Schloss zu bauen, wenn wir mal groß sind. Aber Heidschi-Bumbeidschi Bum-Bum noch mal: Das ist noch lange keine Grund, dass sich dieser dahergelaufene kleine Holländer so mir nichts, dir nichts in die Herzen unserer Mamas und Opas und Omas einnistet. Heintje heißt der neue Kinderstar und im zarten Alter von zwölf Jahren hat er Ende der 60er-Jahre so viel Erfolg wie andere ihr ganzes Leben lang nicht. Er trällert auf Schallplatten, im Kino („Heintje – ein Herz geht auf Reisen") und in allen möglichen Fernsehshows.

Der Liebling aller Mütter und Großmütter bringt es mit seinem Lied „Du sollst nicht weinen" sogar fertig, Tom Jones („Delilah") und die Rolling Stones („Jumpin' Jack Flash") von Platz eins der deutschen Hitparade zu verdrängen. Erst die Beatles vermögen das „Heidschi Bumbeidschi" des Altweiber-Herzensbrechers zu stoppen: „Ob-La-Di, Ob-La-Da", dann war Heintje nicht mehr da.

Der weiße Sonntag

Ein ganz besonderes Osterfest erlebten eines Tages die Katholiken unter uns. Sie feierten im dritten Schuljahr ihre Erstkommunion. Den Tag, an dem die Mädchen in herrlichen weißen Kleidern und die Jungen in eleganten dunklen Anzügen in die Kirche einzogen, die Kommunionkerze mit festem Griff an die Brust gedrückt, nannte man den „Weißen Sonntag", weil es der erste Sonntag nach Ostern war. Im Anschluss an den Gottesdienst, bei dem die Kommunionkinder zum ersten Mal den Leib Christi in Form der Hostie in sich aufnehmen durften, wurde zusammen mit der Verwandtschaft bei einem Festmahl gefeiert. Vollends in die Gemeinschaft der Gläubigen aufgenommen wurden die katholischen Kinder aber erst mit dem bischöflichen Segen bei der Firmung, die im Alter von frühestens zwölf Jahren erfolgte.

Ein Star der Hitparade war auch Bernd Clüver, „Der Junge mit der Mundharmonika".

Aus der Badewanne zur Hitparade

Der Übergang erfolgte fließend, aber nicht tropfend, sondern gut abgetrocknet und höchstens mal mit nassen Haaren. Nach dem samstäglichen Wannenbad am späten Nachmittag begaben wir uns regelmäßig aufs Sofa im Wohnzimmer, um pünktlich um 19.30 Uhr die Hitparade im ZDF anzuschauen. Die kam einmal im Monat, wurde moderiert von Schnellsprecher Dieter Thomas Heck und war ein Muss für jeden Schlagerfan. Gespannt tippten wir mit Eltern und

Als Danyel Gerard („Butterfly") mit Hut und Gitarre vorm Nussbaumschrank. Sah gut aus, hörte sich aber schrecklich an.

Licht aus, Spot an: Die Sendung „Disco“ mit Ilja Richter (stehend) brachte aktuelle Popmusik ins Fernsehen.

Geschwistern, wen die Zuschauer per Postkarte wohl diesmal auf Platz eins gewählt hatten.

Nicht minder spannend war es zu verfolgen, wie es die Künstler während ihres Live-Auftritts fertigbrachten, kreuz und quer durchs Studio und entlang der Zuschauerränge zu gehen, ohne sich dabei mit ihrem endlos langen Mikrofonkabel zu verheddern. Hinter den Sängern her rannten und krochen die „Kabelmänner“, deren zweitgrößte Sorge darin bestand, nicht in die Kamera zu laufen und die dennoch öfter, als es dem Regisseur lieb sein konnte, im Hintergrund zu sehen waren. Verschnaufpausen bekamen sie nur, wenn der stocksteif dastehende Heino auftrat oder einer wie Danyel Gerard („Butterfly“) dran war, der nebenher Gitarre spielte und deshalb nur auf der Bühne saß, statt wie die anderen herumzuhüpfen. Beeindruckt von den melodiösen „Schmetterlingsgefühlen“ ließen sich selbst eher unmusikalische Jungs eine Spielzeuggitarre schenken und waren bitterlich enttäuscht, als sich die Töne, die sie erzeugten, vollkommen anders anhörten als im Lied von Danyel Gerard.

Während die ZDF-Hitparade vor allem Anhänger deutscher Schlagermusik vor dem Fernseher versammelte, präsentierte Ilja Richter mit dem legendären Ruf „Licht aus, Spot an“ die internationalen Stars der Popbranche. Damals war es noch kein Widerspruch, sowohl für Schlagerstars wie Chris Roberts („Hab ich dir heute schon gesagt, dass ich die liebe?“) und Manuela zu schwärmen und gleichzeitig Mick Jagger von den Rolling Stones oder die Creedence-Clearwater-Revial-Band („CCR“) gut zu finden.

Lassie, Flipper und all die anderen Fernsehtiere

Die am Wochenende gelegentlich einsetzende Langeweile erreichte am Sonntagmittag ihren Höhepunkt. Die Fernsehmacher müssen das irgendwie geahnt haben. Ihr Kinderprogramm am frühen Sonntagnachmittag war für uns die letzte Rettung. Den an den Fäden herbeigezogenen Figuren der

Augsburger Puppenkiste gebührt daher ebenso unser Dank wie den aus Amerika importierten schwarz-weißen „kleinen Strolchen" oder in späteren Jahren dem ebenso zauberhaften wie schweigsamen Pan Tau und dem schrulligen Elektrik-Trick-Bewunderer „Catweazle". Nicht zu vergessen der freche Michel aus Lönneberga.

Wir müssen gestehen: Das Fernsehen hat uns tierisch stark geprägt. Und das im wahrsten Sinn des Wortes. Wir können bis heute keinem Collie begegnen, ohne an die tapfere Lassie zu denken und jeder Delfin ist für uns eine Wiedergeburt des unvergesslichen Flipper. Die Mattscheibe war damals voll von Viechern. Mal hoppelte Skippy, das Buschkänguru, übern Bildschirm, dann trabte Fury, das Pferd, herbei. Unsere absoluten Stars aber waren Clarence, der schielende Löwe, und das Schimpansenmädchen Judy, die mit Doktor Daktari im Urwald tolle Abenteuer erlebten.
Am gefährlichsten für Clarance und Judy war die „Sportschau". Die kam samstagabends zur gleichen Zeit wie „Daktari" und führte deshalb zu so manchem Familienstreit.

Einfach großartig!
Pierre Brice in Winnetou II.

Flipper – jeder kennt ihn, den klugen Delfin aus dem Fernsehen.

Fernsehserien nachgespielt

Ob Tarzan, Winnetou oder Daktari – all diese Filme boten reichlich Stoff für unsere Fantasie. Nachmittagelang haben wir mit Geschwistern oder Nachbarskindern die Fernsehserien nachgespielt. Unsere Klappfahrräder, von denen man stets befürchten musste, dass sie unverhofft auseinanderbrachen, dienten genauso wie die heiß geliebten Bonanza-Räder (mit dem legendären Bananensattel und einem Fuchsschwanz an der hohen Rückenlehne) als Pferde. Und wenn die Bauarbeiter Feierabend machten, wurden die Baustellen mit den erst im Rohbau fertigen Häusern zu unseren Saloons und Urwaldcamps – trotz der „Betreten-verboten"-Schilder. Clarence-Fans haben sogar mal aus einer Unmenge von Papierknäueln einen Löwen geformt und ihm mit Wolle eine solche Mähne verpasst, dass Doktor Dakatari seine helle Freude dran gefunden hätte. Wenn es draußen regnete, dienten uns Plastikfiguren, die eigentlich etwas völlig anderes darstellten, als Akteure unserer Lieblingsserien.

„Die einzigartigen Schokoklicker mit dem Erdnusskern" zählten zu den Süßigkeiten, für die besonders viel Werbung gemacht wurde.

„Gefahr für Little Joe": Die Serie „Bonanza" gab es nicht nur im Fernsehen, sondern auch als Buch.

Dolly, Pippi und die Schatzinsel

Mädchen hatten beim Lesen Spaß an den Büchern von „Hanni und Nanni" oder „Dolly". Darin ging es stets um Mädchen, die ein aufregendes Leben in einem Internat führten. Kein Wunder, dass viele Mädchen am liebsten selbst gern in ein Internat gewechselt wären. Weil das am nötigen Kleingeld der Eltern scheiterte, ahmten sie das Internatsleben so gut es ging zu Hause nach. Die engsten Freundinnen schlossen sich zu Clubs zusammen und dachten sich ihre eigene Geheimsprache aus.

Fasziniert verschlangen wir auch Pippi-Langstrumpf-Bücher, die Geschichten der „Fünf Freunde" und jene vom „kleinen Muck". „Die Schatzinsel" von Stevenson, sämtliche „Bonanza"-Bücher von Teddy Parker und die Goldsucher-Geschichten von Jack London waren ganz nach dem Geschmack der Jungs. Gelesen haben wir alle verhältnismäßig viel. Nicht nur Bücher, sondern auch Abenteuer, und Comic-Heftchen. Jerry Cotton, Kommissar X, Fix & Foxi, Micky Maus und Bessy (eine Abwandlung des berühmten Fernsehhundes Lassie) standen hoch im Kurs. Als kostenlose Alternative zu den Comics vom Kiosk gab es die Junior-Hefte aus der Apotheke mit dem unvergesslichen Papa Moll, manch anderem gezeichneten Spaß und kindgerechten Wissensseiten.

Quartett und Rennbahnen – Hauptsache Autos

Ob die Familie ein Auto besaß oder nicht – insbesondere bei Jungs erwachte rasch das Interesse für möglichst schnelle Fortbewegungsmittel. Im irrigen Glauben, die höchste Zahl auf dem Tachometer stehe für die tatsächlich erreichbare Höchstgeschwindigkeit, drückten wir uns die Nasen an den Seitenscheiben geparkter Autos platt. Insbesondere der Opel GT soll auf diese Weise mit unnötig hohen Werten mächtig Eindruck geschunden haben.

Autoquartetts zählten zur Kartenspiele-Grundausstattung. Rätsel gaben uns nur die Abkürzungen auf. Irgendwann bekamen wir heraus, dass „Umin" für Umdrehungen pro Minute steht – trotzdem mochten wir nicht glauben, dass sich das abgebildete Fahrzeug 400-mal in der Minute um sich selbst drehen konnte. Überrascht waren wir, wie viel Platz die Hupe in Anspruch nimmt – etliche

Wagen hatten eine große Menge Hubraum. Während italienische und amerikanische Flitzer bei den Autos stachen, hatte man in punkto Militärflugzeuge, Hubschrauber und Raketen mit den Russen die besten Karten.

Die Mädchen benötigten dagegen für ihre Lieblingsbeschäftigung, den Gummitwist, keinerlei Unterstützung durch die Spielzeugindustrie. Für das Hüpfen zwischen den Seilen, die sich zwei gegenüberstehende Spielkameradinnen abwechselnd um Hüfte, Kniegelenke oder Knöchel gespannt hatten, benötigte man nicht mehr als ein ausreichend langes Gummiseil und etwas Hüpfgeschick.

Filzstifte und Knetmasse

Pädagogisch wertvoll und sowohl für Jungen als auch Mädchen interessant waren die ersten Elektronikspiele, bei denen man tönende Tasten in der richtigen Reihenfolge nacheinander drücken musste (eine Art musikalisches Memory). Ein Wissensspiel von Ravensburger (es hieß Elektra oder so ähnlich) mit zwei Kabeldrähten, Leuchtdioden und einem Summer, der signalisierte, wenn man die richtige Antwort auf die entsprechende Frage gegeben hatte, vermochte uns so lange zu faszinieren, bis wir alle Antworten auswendig kannten.

Ganz schön keck schaut es drein: das Mädchen im Hosenanzug, das hier auf dem Tisch mit den Weihnachtsgeschenken sitzt, worunter mutmaßlich mindestens ein Gesellschaftsspiel war.

Wir malten mit Filzstiften, die zu schnell austrockneten, Comicfiguren nach und wir formten bunte Figuren aus jener einzigartigen, verschiedenfarbigen Knetmasse, die – wenn man sie versehentlich vermischte – auf immer und ewig blau wurde. Wir waren kreativ, ohne zu wissen, was das war, denn nur ganz langsam wurde dieses Attribut aus der Künstlerschublade an die Öffentlichkeit geholt.

Ausflüge mit dem Auto

„Das kommt gar nicht in die Tüte" hieß es im beginnenden Plastiktragetaschen-Zeitalter, wenn unsere Eltern einen Wunsch ablehnten. Doch eine Tüte musste immer mit ins Auto, denn viel zu oft wurde uns schlecht. Wenn auch die Mitnahme einer Autoapotheke erst 1972 offiziell zur Pflicht wurde – wir hatten unsere Notfallausrüstung stets dabei. So schön die sonntäglichen Ausflüge ins Grüne mit dem VW Käfer auch waren – wenn es auf der Strecke zu viele Kurven gab, drehte sich uns der Magen um. Die Klorolle unterm selbst gehäkelten Aufsatz auf der Hutablage wurde immer kleiner und der Wackeldackel wollte gar nicht mehr aufhören, mit dem Kopf zu wackeln, obwohl das Auto längst stand. Autofahren war im Übrigen Männersache. Ende der 60er-Jahre befand sich nur etwa jeder vierte bis fünfte Führerschein in Frauenhänden.

Mutter und Sohn mit Familienauto: Der VW Käfer war damals wahrlich ein Volkswagen.

Der Beginn der **Teenagerjahre**

Weichenstellung nach der vierten Klasse

Nach der vierten Klasse forderte das dreigliedrige Schulsystem der Bundesrepublik eine schulische Weichenstellung. Ein Teil unseres Jahrgangs blieb im Wohnort und machte auf der Hauptschule weiter, andere wechselten in die Realschule und diejenigen, die bei den vorangegangenen Eignungstests am besten abgeschnitten hatten, durften aufs Gymnasium wechseln, womit in ländlichen Gegenden häufig Bus- oder Bahnfahrten in die nächstgelegene Stadt verbunden waren. Was der Besuch von „höheren" Schulen „für später" bedeutete, war nur den wenigsten bewusst. Theoretisch musste man jetzt mehr lernen, aber wir sahen das nicht so eng und spielten manchmal sogar während des Unterrichts lieber „Schiffe versenken", anstatt dem Lehrer zuzuhören.

Chronik

17. Februar 1972
Der 15-millionste VW Käfer verlässt die Werkshalle. Der VW Käfer ist damit das meistgebaute Auto der Welt.

10. Dezember 1972
Der deutsche Schriftsteller Heinrich Böll („Ansichten eines Clowns") erhält den Nobelpreis für Literatur.

28. Februar 1973
Erstmals Trikotwerbung in der Fußballbundesliga. Eintracht Braunschweig wirbt mit dem Hirsch von Jägermeister auf seinen Trikots.

25. Mai bis 22. Juni 1973
Drei Astronauten verbringen insgesamt 28 Tage im Himmelslabor „Skylab I".

1. Oktober 1973
Eine Pipeline, die Erdgas aus der Sowjetunion bis nach Deutschland bringt, wird eröffnet.

7. Juli 1974
Deutschland wird durch einen 2:1-Finalsieg über Holland Fußballweltmeister.

21. Juli 1974
Der belgische Radrennfahrer Eddy Merckx gewinnt zum fünften Mal die Tour de France.

Mai 1974
Der persönliche Referent von Bundeskanzler Brandt, Günter Guillaume, wird als DDR-Spion enttarnt. Brandt tritt daraufhin zurück und Helmut Schmidt wird sein Nachfolger.

26. Juni 1974
Der Zusammenbruch der Kölner Herstatt-Bank ist die größte Bankenpleite seit der Weltwirtschaftskrise und zieht in der Finanzwelt weite Kreise.

1. Januar 1975
Die Volljährigkeit und das aktive Wahlrecht werden von 21 auf 18 Jahre gesenkt.

9. August 1975
Das niedersächsische Heidegebiet wird von einer Brandkatastrophe heimgesucht, der sechs Menschen und 8000 Hektar Wald zum Opfer fallen. Erst nach einigen Tagen gelingt es, der Flammenhölle Herr zu werden. Der Sachschaden beträgt 40 Millionen Mark.

Fröhliche Gesichter sah man kurz vor der Abfahrt des Zuges zur Klassenreise.

Klassenfahrten anstatt Loch im Schuh

Eine willkommene Abwechslung vom schulischen Einerlei bildeten die Klassenfahrten. Die Ausflüge erfolgten per Bus oder Bahn und hatten den Vorteil, dass man dadurch ein ordentliches Stück weiter kam als bei den vorherigen Wandertagen, die zu Fuß erfolgten. Sie waren vielen ein Gräuel. Und der Mann mit dem Loch im Schuh wirkte eher abschreckend. Von wegen ich geh' meilenweit für Camel Filter. Dann doch lieber Nichtraucher. Den „Geschmack von Freiheit und Abenteuer" (so die Marlboro-Werbung) würden wir auf andere Art und Weise kennenlernen.

Kein Zimmer ohne Starschnitt

Und wie sah es in unseren Zimmern aus? Bunt! Wie toll das doch war, wenn man seine Stars Stück für Stück und Woche für Woche aus dem Kicker-Sportmagazin oder der BRAVO ausschneiden konnte, um sie schließlich in Lebensgröße als Starschnitt an die Zimmerwand zu pappen! Sepp Maier, Franz Beckenbauer, Pele und die Kremers-Zwillinge zogen auf diese Weise bei uns ein. Aber auch für Suzi Quatro, Slade und Alice Cooper fand sich ein Plätzchen. Von der bunt gemusterten Tapete sah man so gut wie gar nichts mehr. Wenn wir unsere Hausaufgaben erledigt hatten und gerade mal keine Starschnitte zusammenklebten oder nicht in die Auswertungen unserer selbst erstellten Hitlisten und Fußballtabellen versunken waren, empörten wir uns über Hühner in Legebatterien. Wer keine Unterschriften gegen die Käfighaltung sammeln wollte, hatte zumindest ein Blatt Papier dabei, auf dem all jene ihren Namen eintragen konnten, denen das Abschlachten von Robben ebenfalls zuwider war.

Starschnitte und massenweise Poster an den Wänden – so sah ein typisches Jugendzimmer der 70er-Jahre aus.

Wir tranken Lift und hofften, dass es aufwärts geht

Nicht nur den Joghurt gab es jetzt im Plastikbecher; auch immer mehr Getränke wurden in Kunststoffverpackungen abgefüllt. Die Dreh-und-Trink-Plastikflaschen faszinierten uns ebenso wie die Capri-Sonne- und Sunkist-Päckchen. Die konnte man nach dem Trinken wieder aufblasen und andere damit veräppeln oder erschrecken, in dem man die aufgeblasenen Behälter mit einem lauten Knall zum Platzen brachte. Die Tatsache, dass wir damit zu der bald auch von uns selbst beklagten Umweltverschmutzung beitrugen, hinderte uns nicht daran, das Zeug zu konsumieren. Natürlich gab es auch Getränke in richtigen Glasflaschen – Sinalco, Fanta, Cola und jenes Blubberwasser, dessen Name an einen Aufzug erinnerte: Wir tranken Lift und hofften, dass es aufwärts geht.

„Mein Gott, Walther" – die Blödelbarden sind da

Wer Walter heißt, hat es ab Mitte der 70er-Jahre nicht leicht. Männer dieses Namens können machen, was sie wollen; kaum ein Tag vergeht, an dem ihnen nicht irgendwer hinterherruft: „Mein Gott, Walther." So wie im Lied des Nonsens-Sängers Mike Krüger, der sich über einen imaginären Tolpatsch lustig macht. Aus heutiger Sicht entpuppt sich aber das ostfriesische Energiebündel Otto Waalkes als erster deutscher Stand-up-Comedian. Otto hoppelt, hechelt und jodelt über die Bühne, dass das Publikum vor Freude johlt. Die Urväter der Blödelbarden und des komischen Gesangs aber kommen aus Berlin: Insterburg & Co. treten erstmals 1973 so richtig in Erscheinung. Kostprobe gefällig? „Ich liebte ein Mädchen in Lichterfelde, die lebte zu lange von meinem Gelde. Ich liebte ein Mädchen in Tempelhof, die war sehr lieb, doch bisschen doof. Ich liebte ein Mädchen in Mainz, die war gar keins. Ich liebte ein Mädchen in Österreich, für die war ich der Größte gleich. Ich liebte ein Mädchen in den Niederlanden, unsere Kleider wir niemals wiederfanden."

Und dem ewig unfreiwillig augenzwinkernden Karl Dall geradezu auf den schlaffen Leib geschrieben scheint der Insterburg-&-Co.-Song „Diese Scheibe ist ein Hit – wann kriegt ihr das endlich mit? Diese Scheibe müsst ihr koofen, es ist 'ne Scheibe für die Doofen!" Mit der bayrischen Variante der neuen deutschen Blödelkunst wartet Ex-Hufschmied Fredl Fesl auf. Mit seinen selbst erdichteten Ungereimtheiten fand der Bayer sogar Eingang in die bundesweit erscheinende Zeitschrift „Musik-Joker", von der er mit den folgenden geistreichen Worten zitiert wurde: „Zwei Knaben saßen auf einer Bank, der eine roch, der andre stank. Da sprach der roch zum stank: ich geh' jetzt auf ne andre Bank!"

Mike Krüger und Karl Dall. Man mochte sie oder eben nicht.

Ob Kaugummi dem Magen schadet?

Weil man den Mund bewegte, ohne etwas zu sagen, wurde das Kaugummikauen von vielen Älteren als ungebührlich abgelehnt. Einige befürchteten sogar Zahn- und Magenschäden. Wir fanden es einfach cool und haben ein beschwingtes Gefühl, wenn wir an die Kaugummi-Werbemelodie jener Jahre denken: „Wrigley's Spearmint Gum, Gum, Gum – nimm die große echte Frische, wo immer du bist, was immer du tust." Vor unserem geistigen Auge sehen wir wieder die fröhlichen Leute mit ihren überdimensionalen Kaugummipackungen unterm Arm durch die Straßen schlendern. Unvergessliche Schleckerlebnisse bescherten uns die Brausestäbchen, Brausewürfel und das Brausepulver. Da kann man nur sagen: Tütchen „Ahoi!"

Karierte Klamotten waren „in"

Geliebte Popstars: Die Herzen der Mädchen entflammten vor allem für Sweet mit dem blonden Sänger Brian Connolly. Die Bay City Rollers waren eine Teenie-Band, die wegen ihrer karierten Klamotten mit dem auffälligen Schottenmuster bewundert wurde. Jahrelang spiegelte sich diese modische Erscheinung in unseren Klamotten wider.

Die Jungs standen jedoch mehr auf Suzi Quatro in ihren hautengen schwarzen Lederklamotten oder begeisterten sich für die wilden britischen Hardrocker von T. Rex und den gespenstisch wirkenden Alice Cooper, der zur Untermauerung seines Rufs als „Schock-Rocker" gern mal eine lebendige Schlange mit auf die Bühne brachte. So was hatte Mick Jagger von den Rolling Stones nicht nötig.

Karierte Klamotten dominierten jahrelang die jugendliche Kleidermode.

Mr. Spock vom „Raumschiff Enterprise“ bestach durch seine Logik und die langen Ohren.

Rudi Carrell (rechts) bescherte uns die Kandidatenshow „Am laufenden Band“.

Je später der Abend, desto krummer die Löffel

Wundersames neues Medium Fernsehen! Wie hat uns die Glotze damals ins Staunen gebracht. Man denke nur an die krummen Dinger des Uri Geller. Der Schweizer Löffelverbieger hat nicht nur kaputte Uhren im Fernsehstudio bei Wim Thoelke wieder laufen lassen, sondern bis in unsere Wohnungen und Küchenschubladen hineingefuhrwerkt. Für ganz anderen „Klimbim“ sorgte Ingrid Steeger als sexy Ulknudel mit gelegentlich entblößten Brüsten.

Die langen Ohren waren es dagegen, die uns an Mister Spock, dem Vulkanier vom „Raumschiff Enterprise“, faszinierten. Während sich die Enterprise-Besatzung scheinbar schwerelos durchs All bewegte, ließ die Erdanziehungskraft bei einer anderen Fernseh-Ikone nur kleine Sprünge zu. Aber durch sie wurde Quizmaster Hans Rosenthal berühmt. Besonders tolle Leistungen quittierte er in seiner Ratesendung „Dalli-Dalli“ mit einem Luftsprung und dem Ausruf „Das war Spitze“.

Ein Würfel mit Fragezeichen war das Markenzeichen des holländischen Entertainers Rudi Carrell. Dieser Würfel lag jedes Mal zwischen all den Sachgewinnen als symbolischer Preis auf dem „laufenden Band“. Wer ihn bei der Aufzählung vergaß, war eine Hornochse oder eine „dusselige Kuh“. Aber solche Ausdrücke durfte damals im öffentlich-rechtlichen Fernsehen nur einer verwenden: „Ekel“ Alfred Tetzlaff. Der Schauspieler Heinz Schubert verkörperte in dieser Rolle mit seinem unflätigen Benehmen und den primitiven Hasstiraden gegen Ausländer und Kommunisten den Prototyp des deutschen Spießbürgers. Der Titel der Sendung lautete ironischerweise „Ein Herz und eine Seele“.

Turbulent ging es in den ersten Talkshows zu. Da gerieten beispielsweise die erklärte Frauenrechtlerin Alice Schwarzer und die im Geschlechterkampf auf Seiten der Männer stehende Buchautorin Esther Vilar („Der dressierte Mann“) verbal mal kräftig aneinander. Bei Dietmar Schönherr flirtete der deutsche Weltstar Romy Schneider („Sissi“) ungeniert mit dem Schauspieler und Ex-Bankräuber Burkhard Driest. Die Zuschauer wurden zwar irgendwann des Zusehens müde, aber zumindest Schönherrs Talkshow-Titel überlebte in der Umgangssprache: „Je später der Abend, desto netter die Gäste“ – das war eine Zeit lang die Standardbegrüßung für zu spät gekommene Partybesucher.

Die lustigen Pril-Blumen klebten erst auf der Geschirrspülmittelpackung und dann an unseren Küchenfliesen.

Zwischen Pril-Blumen und Fahndungsplakaten

In Verklärung der tatsächlichen Verhältnisse werden die 70er-Jahre heute gar zu oft auf die Flower-Power-Komponente reduziert. In Wirklichkeit erlebten wir Jahre voller Gegensätze. Erinnern wir uns nur mal, wie es in vielen Küchen aussah: Da hingen die fröhlichen bunten Pril-Blumen an den Fliesen und daneben die Fahndungsplakate mit den Gesichtern der meistgesuchten deutschen Terroristen. Wir wurden kräftig eingetaucht in ein Wechselbad der Gefühle zwischen Heiterkeit („Planschi ist prima, Planschi ist 'ne Wucht") und Gewalttätigkeit („Ein Attentat gegen den Rechtsstaat").

Neben den pubertären Begleiterscheinungen sorgten die gesellschaftlichen Erschütterungen für zusätzliches Chaos in unseren Köpfen. Einerseits kam vieles locker, flockig, kuschelweich daher, andererseits bewirkten die terroristischen Anschläge (und die scharfen politischen Reaktionen darauf) eine große Verunsicherung. Hinzu kam, dass der eine oder andere aus unserem Freundeskreis die Beweggründe, die hinter den Anschlägen der radikalen Linken standen, gar nicht so verkehrt fand.

Les Humphries und seine langhaarigen Singers

Wir trugen braune Cordhosen, einen Pullunder überm Hemd und, wenn es kalt war, braune oder grüne Parkas mit herausnehmbarem Innenfutter. Und wir trugen all das mit Fassung, denn die anderen sahen auch nicht besser aus. Die Mädchen entdeckten die Jeans als praktisches Beinkleid und die Haare der Jungs wurden länger. Ein Haufen, der viel, viel bunter war als wir, spaltete die Meinungen: Die Les Humphries Singers brachten durch ihre multikulturellen Bandmitglieder, ihre verrückte Kleidung und ihre flippigen Lieder („Mexico", „Mama Loo", „Kansas City") einen Hauch der wilden, bunten Hippiebewegung in die heile deutsche Schlagerwelt. Blankes

Schrill und bunt: Die „Les Humphries Singers" faszinierten uns durch ihr flippiges Auftreten und mit eingängigen Liedern.

Entsetzen herrschte bei etlichen Erwachsenen, als die Les Humphries Singers 1975 mit ihrem „Negergesang" sogar Deutschland beim „Grand Prix" vertreten durften, wo ihr „Sing, Sang, Song" freilich nur auf dem viertletzten Platz landete.

Die „heißen Höschen" sind in Mode

Auf die Frage Mini oder Maxi geben die Mädels Anfang der 70er-Jahre eine bis dahin unbekannte Antwort. Und die heißt Hotpants. Die superkurzen und hautengen „heißen Höschen" werden zum Modeschlager für die Jugend. Während sich die älteren Modeexperten noch um die richtige Kleiderlänge streiten, haben die jungen Frauen längst die Hosen an. Sowohl im übertragenen, aber vor allem im wortwörtlichen Sinne. Von Hotpants und extrem kurzen Glockenhosen bis zu Knickerbockern aus Strick- und Wollstoffen reicht jetzt die Palette der weiblichen Beinkleider. Die heißen Höschen laufen eine Zeit lang sogar dem Minirock den Rang ab. Und das nicht nur zur Sommerszeit: Unerschrockene Teenager tragen ihre gestrickten Hotpants selbst in den Wintermonaten. Für festlichere Zwecke oder Ausgehabende gibt es die kurzen Höschen auch aus Samt, Lurex oder Brokatstoff. Der amerikanische Soul-Musiker James Brown besingt die „Hot Pants" und landet damit in den Charts. Als im Zuge einer Nostalgiewelle Mitte der 70er auf einmal wieder Midi-Röcke getragen werden, wissen sich die Teenager mit einer neuen modischen Raffinesse zu helfen. Damit ein Stück mehr Bein zu sehen ist (und womöglich sogar die darunter getragenen Hotpants), bekommen alle mittellangen Röcke seitlich einen tiefen Schlitz.

Sanfte Gewalt und der dreckige Reiner

Eine blitzblanke Küche und saubere Wäsche – das schienen die elementarsten Bedürfnisse einer Hausfrau zu sein. Zwar behaupteten unsere Mütter, sie würden sich von der Werbung nicht beeinflussen lassen, aber so richtig geglaubt haben wir ihnen das nicht. Wer konnte beim Duft von „Laa-venn-dell, Ooolee-annn-derr, Jas-miiin" schon Nein zu Vernell sagen? Bei Persil, da wusste man zwar, was man hat, aber wenn uns die hemdsärmelige Clementine als erste Powerfrau der deutschen Werbung unaufhörlich erklärte, dass Ariel „nicht nur sauber, sondern

Saubere Wäsche war eine Zeit lang das beherrschende Thema. Und so wurde 1973 für Fewamat geworben.

rein wäscht", konnten einem ernsthafte Zweifel kommen, ob Persil wirklich das Richtige war. Fewamat sollte „gewaltig gegen Schmutz" und „sanft zu Farben" sein. Wenn sie verblassten war's laut Fewamat-Werbung „ein typischer Fall von falschem Waschmittel". Statt „sanfter Gewalt" setzte ein anderer Hersteller brachiale Zungenbrecher ein: „Dash wäscht so weiß, weißer geht's nicht."

Uns waren allerdings die runden Waschmitteltrommeln von Omo weitaus lieber als die eckigen von Dash. Den Omo-Behältern sah man ihre schnöde Herkunft nicht mehr an, sobald man sie mit bunter Klebefolie verziert hatte, um sie als Papierkorb, Zeitschrifteneimer oder Spielzeugbehälter auf den flauschigen Hirtenteppich unseres Zimmers zu stellen. Omo, ihr erinnert euch? „Keiner wäscht reiner." Und wir bemerkten trocken: „Mensch, muss Reiner dreckig sein!"

Ich wünsch mir eine kleine Mietzekatze

Eigentlich wurden Zeichentrickhelden wie Duffy Dug, Schweinchen Dick, Bugs Bunny, Speedy Gonzales oder Tom und Jerry in erster Linie für Kinder erfunden, doch auch die Erwachsenen hatten ihren Spaß daran. So war es nur folgerichtig, dass einige gezeichnete Gestalten Einzug ins abendliche Fernsehprogramm hielten, wo sie die gesamte Familie vor der Glotze vereinten. Das Paradebeispiel einer generationenübergreifenden Trickfilmfigur lieferte der schlappohrige Hund namens Wum in Wim Thoelkes Fernsehquiz „Der Große Preis" (vorher „Drei mal neun"). Später bekam Wum einen niedlichen Elefanten namens Wendelin zur Seite gestellt. Beide entsprangen sie der Feder des genialen Zeichners und Satirikers Loriot, der ihnen seine Stimme lieh. Als er seinen Zeichentrickhund Wum eines Tages zum Singen brachte („Ich wünsch mir 'ne kleine Miezekatze"), schaffte der es auf Platz eins der deutschen Single-Hitparade.

Loriots Zeichentrick-Hund Wum war überaus beliebt.

Juliane Werding sorgte dafür, dass die Drogenproblematik erstmals in die heile Wohnzimmerwelt drang.

Wie die Drogen ins Wohnzimmer kamen

Manche glaubten zunächst an einen Achterbahnunfall. Denn es gab „keinen Halt auf der schiefen Bahn“. Und die Sängerin beklagte immerzu den „Tag, als Conny Kramer starb“. Mit diesem Lied sorgte Juliane Werding dafür, dass die Drogenproblematik erstmals bis in unsere heimeligen Wohnstuben vordrang. Manche Eltern begannen, sich ein wenig Sorgen zu machen. Doch die Zeit der Haschisch-Pfeifchen war zunächst so weit entfernt wie die Veröffentlichung eines spektakulären Tonbandprotokolls, anhand dessen der „Stern“ unter dem Titel „Wir Kinder vom Bahnhof Zoo“ im Jahr 1978 das erschreckende Leben der 16-jährigen Drogensüchtigen Christiane F. aus Berlin an die Öffentlichkeit brachte.

Der deutsche Titelgewinn bei der Fußball-WM 1974 schlug sich auch in einem Album für Sammelbilder nieder. Dieses hier zeigt den jubelnden Franz Beckenbauer mit dem WM-Pokal.

Als sich Müller um die eigene Achse drehte

„... auch Grabowski gefällt mir heute, sieht jetzt, dass Bonhof steil geht und prompt ist der Ball bei Bonhof gelandet, im Sechzehnmeterraum, spitzer Winkel zum Tor, da kommt der Ball auf Müller, der dreht sich um die eigene Achse, schießt, und Tooor, Tor durch Gerd Müller.“ Mit exakt diesen Worten schilderte der Rundfunkreporter am 7. Juli 1974 das deutsche Siegtor im Finale der Fußballweltmeisterschaft gegen Holland.

Die meisten von uns erlebten das packende Sportereignis im Familien- oder Freundeskreis vor dem Fernseher mit. Radiohörer waren bereits in der Minderheit und nur die allerwenigsten dürften als damals Elf- oder Zwölfjährige die Rundfunkübertragung mithilfe ihres Cassettenrecorders aufgezeichnet haben. Doch es gibt ihn noch, den Mitschnitt auf einer C90 Hi-Fi-Compact-Cassette der Marke Weltfunk, die – aufbewahrt bis zum heutigen Tage – inzwischen eine echte Rarität sein dürfte.

Vom Ärger mit Pickeln bis zur Volljährigkeit

Ballvergnügen: Mädchen einer Ballettschule tanzen Tarantella.

Jungs durften kostenlos zum Tanzkurs

Nun waren wir nicht mehr die lieben Kleinen und wollten uns auch nichts mehr reinreden lassen. Für unsere Eltern wurden wir zu aufsässigen Füße-unter-den-Tisch-Streckern, denen nur durch Drohungen, Verbote und Strafen einigermaßen beizukommen war. Je älter wir wurden, desto häufiger tigerten wir am Wochenende durch die Lande oder in der Stadt umher. Es war die große Zeit der kleinen Discos. Fast in jedem Ort gab es eine alte Turnhalle oder irgendeinen anderen Schuppen, in dem sonntagnachmittags „fahrende Discjockeys" ihre Platten auflegten.

Zahlreiche Kneipen luden freitagabends und samstags zu Partys mit Musik vom Plattenteller ein. Manchmal traten auch Live-Bands auf. Weil die Getränke

Chronik

1. Januar 1976
Seit diesem Jahr ist das Anlegen des Sicherheitsgurts für Personen auf den Vordersitzen eines Autos Pflicht.

Juni 1976
In Stockholm heiratet der 30-jährige Schweden-König Karl Gustav die 32-jährige deutsche Kaufmannstochter Silvia Sommerlath, die er als Hostess bei den Olympischen Sommerspielen 1972 in München kennengelernt hat.

16. Dezember 1976
Schwer verletzt übersteht der Industriellen-Sohn Richard Oetker seine Entführung. Er war zwei Tage in einer winzigen Kiste eingesperrt. Seine Familie zahlt 21 Millionen Mark Lösegeld.

24. September 1977
In Kalkar demonstrieren rund 35 000 Menschen friedlich gegen das Kernkraftwerk „Schneller Brüter".

14. März 1978
Wegen eines Streiks der Drucker erscheinen in der Bundesrepublik kaum Zeitungen- und wenn, dann nur als Notausgaben.

28. Dezember 1978
Meterhohe Schneeverwehungen in Norddeutschland. Zahlreiche Orte sind tagelang von der Außenwelt abgeschnitten und ohne Stromversorgung.

7. Oktober 1979
Bei den Bremer Bürgerschaftswahlen ziehen erstmals Vertreter der Grünen in ein deutsches Parlament ein.

Juli 1980
Wegen des Einmarsches russischer Truppen in Afghanistan boykottiert auch die Bundesrepublik die Olympischen Sommerspiele in Moskau.

22. August 1980
Bei Anschlägen auf Ausländerwohnheime in der Bundesrepublik kommen mehrere Asylbewerber ums Leben.

26. September 1980
Auf dem Münchner Oktoberfest explodiert eine Bombe und tötet 13 Menschen. Über 200 werden verletzt.

verhältnismäßig teuer waren, hatte immer jemand aus der Clique einen Rucksack mit eigenen Flaschen dabei. So konnte man sich preiswert über Wasser und den Alkoholpegel hoch halten. Deutlich vornehmer ging es in den Tanzschulen zu. Tanzkurse waren für viele Mädchen ein absolutes Muss. Die jungen Herren der Schöpfung hielten sich diesbezüglich eher zurück. Das führte dazu, dass unter Männermangel leidende Tanzschulen den Jungs die Teilnahme an Tanzkursen sogar kostenlos anboten, damit die Mädchen nicht mit ihresgleichen vorliebnehmen mussten.

Und immer wieder Flaschendrehen

Nicht nur unter der Discokugel, sondern auch auf privaten Festen ging es häufig rund. Und das im wortwörtlichen Sinne, nämlich beim Flaschendrehen. Bei diesem äußerst beliebten Spiel saßen alle im Kreis auf dem Boden; die Jungs bildeten das eine, die Mädchen das andere Halbrund. Dann wurde die in der Mitte liegende leere Flasche zum Kreiseln gebracht. Die zwei, auf die am Ende Flaschenhals und Flaschenboden zeigten, mussten sich küssen oder „intime" Fragen beantworten.

Die Frage aller Fragen aber lautete: Willst du mit mir gehen? Jungen und

Eine Party mit „Modenschau“, bei der die Mädchen in Wirklichkeit verkleidete Jungs waren.

„Bäääh“ – in der Teenagerzeit wurde viel herumgealbert.

Mädchen tauchten nicht mehr ausschließlich im Rudel auf, sondern öfter mal zu zweit unter. Eine ganz neue Erfahrung: Nicht mehr zusammen mit der Clique Eis zu essen oder ins Kino zu gehen, sondern in trauter Zweisamkeit. Ganz schön aufregend. Schwierig, den richtigen Zeitpunkt abzupassen, um sie oder ihn wie zufällig zu berühren, den Arm um die Schulter zu legen oder ein anderes Stückchen Haut zu berühren. Klar, beim Tanzen ging das am einfachsten, da gehörten Berührungen dazu und besonders prickelnd wurde es, wenn man seinem Schwarm beim Stehblues so nahe kam, dass man nicht mehr wusste, wessen Herz es war, das man da klopfen spürte. Miteinander gehend, mal eng umschlungen oder auch nur Händchen haltend, eröffneten sich neue, unbekannte Wege, von denen wir nicht wussten, wohin sie führen würden, aber gerade das machte ja den Reiz aus.

Zur Konfirmation an besondere Tische

Für evangelisch getaufte Kinder nahte mit 14 oder 15 Jahren die Konfirmation. Dadurch wurden sie zu vollwertigen Mitgliedern der Kirche, dazu berechtigt, an Kirchengemeinderatswahlen teilzunehmen und Pate zu werden. Konfirmanden durften auch zum Abendmahl, an den Tisch des Herrn. Doch der Tisch mit den Geschenken besaß für die meisten die größere Anziehungskraft.

Wurde die Konfirmation früher von den Eltern gerne zum Anlass genommen, ihrem Nachwuchs die erste ordentliche Armbanduhr zu schenken – auf dass er

So artig standen alle da, als nach der Konfirmation das obligatorische Gruppenbild gemacht wurde.

oder sie auch wisse, was die Stunde geschlagen hat – so setzte sich zu unserer Zeit schon mehr und mehr die Erkenntnis durch, dass ein schlichter Geldschein besser ankommt, als das originellste Geschenk. Viele hatten nach der Konfirmation genug Geld beisammen, um sich ihre erste eigene Stereoanlage kaufen zu können.

Woher das Geld dafür gekommen war, geriet genauso schnell in Vergessenheit wie der Konfirmandenspruch, jenes biblische Wort, das uns eigentlich ein Leben lang begleiten sollte. Die meisten kramten es erst 25 Jahre später wieder hervor – als die Silberne Konfirmation alle wieder zusammenbrachte. Besser gesagt: fast alle. Auch ohne dritten Weltkrieg hatten sich die Reihen schon gelichtet. Unsere Großmütter wussten nur zu gut, wovon sie sprachen, wenn sie über die Todesanzeigen in der Tageszeitung gebeugt sinnierten: „Es wird halt nicht jeder hundert Jahre alt."

Als die Schlümpfe das Land regierten

Das war wirklich ganz schön schlumpfig. Wenn wir uns mal kurz zurück ins Jahr 1978 schlumpfen, dann werden wir verschlumpft festschlumpfen, dass damals ein Lied an die Spitze der Hitparaden schlumpfte, das von Wesen geschlumpft wurde, die bis dato völlig unbekannt waren und auf einmal aus Schlumpfhausen zu uns herübergeschlumpft kamen.

Angeführt von einem Holländer namens Pierre Kartner – besser bekannt unter seinem Künstlernamen Vader Abraham – schlumpften sich die Schlümpfe mit dem Lied der Schlümpfe so tief in die Herzen der Schallplatten schlumpfenden Bevölkerung, dass diese schlumpfige Scheibe nicht nur zur meistverschlumpften Single des Jahres wurde, sondern so oft wie kein zweites Lied auf Platz eins der altehrwürdigen ZDF-Schlumpf-, äh, Hitparade geschlumpft wurde – nämlich sechs Mal in Folge.

Und wenn Sie sich jetzt ein wenig besorgt fragen: Gibt es eigentlich sehr viele Schlümpfe? Schauen Sie mal in Ihrem Kleiderschrank nach. Die Antwort lautet nämlich: Ja, so viele wie kaputte Strümpfe.

Der weiße Hai sieht rot

Angst und Schrecken verbreiteten „Der weiße Hai“ und das „Flammende Inferno“ ebenso wie Charles Bronson in „Ein Mann sieht rot“ und „Der Exorzist“. Diese Kinofilme bekamen wir zwar aufgrund der Altersbeschränkung nicht zu sehen, sie waren uns aber dennoch ein Begriff.

Weitaus harmloser, trotz vieler Prügeleien, waren die Western-Komödien mit Terence Hill und Bud Spencer. Außerdem dauerte es nicht lange, bis sie auch im Fernsehen zu sehen waren. Und spätestens da erlebten wir die „Zwei Himmelhunde auf dem Weg zur Hölle“, „Zwei wie Pech und Schwefel“ oder „Vier Fäuste für ein Halleluja“. Einige erfolgreiche Kinofilme hatten ihren Ursprung in Bühnenaufführungen. Angefangen von der Rockoper „Jesus Christ Superstar“, über die „Rocky Horror Picture Show“, bis hin zu den Musicalverfilmungen wie „Grease“ und „Hair“. Ebenfalls vor allem durch die Musik bestach „Saturday Night Fever“, dessen unterkühlter deutscher Titel „Nur Samstag nachts“ den heißen Discosohlen, die John Travolta mit seinen Partnerinnen aufs Parkett legte, nur bedingt gerecht wurde.

Von vielen sehr gern gesehen: James Bond 007 in „Leben und Sterben lassen“ und „Der Spion, der mich liebte“. Als die erste Star-Wars-Episode (die in Wirklichkeit die vierte war) unter dem Titel „Krieg der Sterne“ nach Deutschland kam, wurden die Kinos regelrecht gestürmt. Auch der deutsche Film sorgte in den 70ern für Furore. Man denke nur an Volker Schlöndorffs oscargekrönte Verfilmung des Günter-Grass-Romans „Die Blechtrommel“, „Die verlorene Ehre der Katharina Blum“ (nach einer Erzählung von Heinrich Böll) und den weniger anspruchsvollen, aber vom Publikum geliebten Actionfilm „Theo gegen den Rest der Welt“ mit Marius Müller-Westernhagen in der Hauptrolle.

„Der weiße Hai“ jagte Angst und Schrecken ein und machte einigen Leute den Aufenthalt im Meer unmöglich.

Terence Hill und Bud Spencer waren „Zwei außer Rand und Band“ und unterhielten uns mit endlosen Filmschlägereien.

„... wie die Sau“

Ebenso wie wir es für angebracht hielten, zarte Bande zu knüpfen oder gar noch intensivere Erfahrungen mit dem anderen Geschlecht zu sammeln, erprobten insbesondere die Jungs, wie weit sie beim Genuss alkoholischer Getränke gehen konnten. Getrunken wurde eher Bier als Wein und lieber Apfelkorn als Schnaps. Rotwein fanden viele nur genießbar, wenn man ihn mit Cola mischte. Und selbst wenn über 3000 bekennende Trinkerinnen und Trinker noch so gute Gründe anführten („Ich trinke Jägermeister, weil ...“) – dieser Kräuterschnaps war nichts für uns, weil viel zu bitter.

„Wenn einem so viel Schönes wird beschert, das ist schon einen Asbach Uralt wert“ hieß es in der Cognac-Werbung. Wir tranken das Zeug am liebsten gemischt mit Cola. Irgendwann schwappte der Asbach in die Umgangssprache über. Das Auto da drüben, das ist doch „Asbach uralt“, das bringt’s nicht. Und der Witz? Kannte ich schon, war Asbach uralt!

Während uns in Altersfragen der Cognac half, umschrieben wir größere Dimensionen bevorzugt mit schweinischer Hilfe. Die Matheaufgaben waren schwer wie die Sau, draußen war es im Winter kalt wie die Sau, der Berg war hoch wie die Sau und der Abgrund tief wie die Sau. Und die eigentliche Sau? Die interessierte uns nicht die Bohne, war doch nur so dahergesagt, das ist doch klar wie Kloßbrühe.

Flaschenbier-Dusche und doofe Grimassen: Der Alkoholgenuss blieb nicht ohne Folgen.

Nach dem Reaktorunfall in Harrisburg gingen viele junge Leute auf die Straße und demonstrierten gegen Atomkraftwerke.

„Atomkraft? Nein, danke!"

Ein Aufkleber gehörte Ende der 70er zur Standardausrüstung fast jedes jungen Menschen: „Atomkraft? Nein, danke!". Wir sahen unsere Zukunft bedroht. Weniger durch Terror oder Krieg, sondern vielmehr durch den Bau von neuen Kernkraftwerken. Ebenso wie die Anti-Atomkraftbewegung stetig wuchs – seit 1979 alarmiert durch den bis dato schwersten Störfall in Harrisburg/Pennsylvania – gedieh auch ein neues Pflänzchen im politischen Erdreich: die Grüne Liste Umweltschutz (GLA). Mit selbst gebackenen Brötchen, einem Karren voller Pferdemist und schriftlichen Aufrufen gegen geplante Schnellstraßen weckten die Grünen 1978 erstmals in Niedersachsen unsere Aufmerksamkeit. Und mit einer Badewanne beispielsweise, in der tote Fische und Blechbüchsen schwammen. Die Grünen führten uns bildhaft vor Augen, wie wir unsere Natur zerstören.

Aufklärung mit „bravouröser" Hilfe

Nicht sehr akribisch betrieben unsere Eltern die sexuelle Aufklärung. Diesbezüglich konnten wir von ihnen nicht viel erwarten. Und das, obwohl gesellschaftlich das Denken freier wurde, die ersten Peepshows eröffnet wurden und Telefonsex-Anbieter für ihre Nummern warben. Da konnte die 68er-Generation noch so viel an Freizügigkeit propagieren. Unsere Eltern waren dafür in der Mehrzahl einfach zu alt und entsprechend verklemmt gestaltete sich die Wissensvermittlung in punkto Fortpflanzung. Wir waren auf eigene Quellen angewiesen. Rein „wissenschaftlich" gesehen war seit dem Biologieunterricht in der fünften oder sechsten Klasse sowieso alles klar.

Besseres Anschauungsmaterial für die Erforschung des jeweils anderen Geschlechts lieferte uns freilich die große deutsche Jugendzeitschrift BRAVO mit ihren Foto-Lovestorys, der Aufklärungsserie von Dr. Korff und den

Die Zeitschrift „BRAVO" war das Zentralorgan der bundesdeutschen Jugend. Diese Titelseite stammt von einer Ausgabe aus dem August 1976.

„Fragen an Dr. Jochen Sommer“. Die „bravouröse“ Wissensvermittlung der Redaktion wurde durch zusätzliche pikante Details von einigen Produktherstellern unterfüttert. So entdeckten wir 1977 eine ganzseitige Anzeige von o.b.-Tamponhygiene, in der ausführlich erklärt wurde, was es mit dem Jungfernhäutchen auf sich hat. Die Leserinnen wurden ermuntert, das kostenlose Informationsset für junge Mädchen anzufordern. Unter seiner Adresse sollte man ein Kreuzchen machen. Entweder bei „Ich habe meine Tage schon“ oder bei „Ich habe sie noch nicht“.

Das Frisieren in Zeiten des Mofafahrens

Ab 15 Jahren durften wir Mofa fahren!

„Mit 14 fängt die Liebe an. Und mit 15 darf man.“ So lasen wir in der „BRAVO“. Und weiter hieß es: „Mit 15 beginnt ein Stück Unabhängigkeit. Und ein Stück Verantwortung. Wer diese neue Freiheit ohne Abstriche erleben will, sollte nicht das Erstbeste nehmen.“ Es folgten Ausführungen über Handschaltung, Telegabel und Sturzbügel. Das Ganze war nämlich keine Anleitung für das Basteln von Beziehungskisten, sondern eine Werbeanzeige für Mopeds. Diese motorisierten Zweiräder bescherten uns erstmals ein Vorankommen, das nicht aus eigener Muskelkraft erfolgte. Die „Hercules“ verlieh uns ungeahnte Kräfte und mit einer „Kreidler Florett“ konnten wir als Zweiradfahrer eine elegante Klinge schlagen. Groß im Kommen waren die führerscheinfreien Mofas von Herstellern wie Zündapp. Das Solex-Modell hatte einen Motor zum Runterklappen, das Mofa von Peugeot war am leichtesten zu frisieren (von 25 auf 80 Sachen) und dann gab es ein zweirädriges Teil, das sich keineswegs so schnell verabschiedete wie der Name „Ciao“ vermuten ließ. Obwohl nur als Ein-Personen-Gefährt gedacht, sind wir meistens zu zweit auf dem Mofa gesessen. Das ging am leichtesten, wenn sich der Mitfahrer oder die Mitfahrerin rücklings in den Rahmen quetschte und dem Lenker die Beine auf die Oberschenkel legte.

Musikkassetten verdrängen die Schallplatten

Mit unseren Gewohnheiten in Sachen Musikkonsum haben wir die Tonträgerindustrie ganz schön durcheinandergewirbelt. Eines Tages lasen wir, dass erstmals weniger Singles als im Vorjahr verkauft worden waren und Langspielplatten gerade noch ein Plus von neun Prozent verzeichneten. Dafür waren die Musikkassetten groß im Kommen. Sowohl bespielte als auch unbespielte. War doch aber auch logisch, weil Kassetten viel handlicher waren und man sie mitsamt Recorder prima überall mit hinnehmen konnte. Mal ganz abgesehen von der Kostenersparnis durch das Überspielen von Schallplatten auf Kassetten. Die Unterhaltungselektronik erlebte dank unserer Begeisterung für HiFi-Kompaktgeräte einen ungeahnten Boom. Den absoluten Clou des Jahres 1976 konnten sich aber nur die wenigsten leisten: Ein Tapedeck, das durch elektronische Sensortechnik jeden gewünschten Titel vorher einstellte.

Was es damals auch noch gab, waren Billiglösungen: Platten mit Top-Hits, die von unbekannten Interpreten nachgesungen wurden. Wer eine superpreiswerte Schallplatte mit aktuellen Titeln in den Händen hielt, musste oft zweimal hinschauen, um zu erkennen, dass nur die Lieder, nicht aber die Interpreten echt waren.

Wir Jungs hofften, dass sich ein wenig der Liebe, mit der sich manche Mädchen einem Pferd zuwandten, auch auf uns übertragen würde. Irgendwann.

Taillierte Hemden und Schweißausbrüche

Völlig zu Recht von der Bildfläche verschwunden sind jene langen blauen adidas-Trainingshosen, die sich nach unten hin verengten und einen Steg hatten – einen Gummizug, der die Hose unter unseren Füßen umspannte. Eine Konstruktion, deren tieferer Sinn uns verborgen blieb, obwohl sie bis zum heutigen Tag bei Skianzügen gern verwendet wird.

Und wie sahen wir ansonsten aus?! Hemden mussten grundsätzlich tailliert sein, waren häufig aus Synthetik und sorgten für Schweißausbrüche. Ohne Deo war man aufgeschmissen. Obwohl die Nicki- und Rollkragenpullover bis oben hin am Hals geschlossen waren und am unteren Ende in die Hose gesteckt wurden, drangen unsere Ausdünstungen ins Freie. Für den modebewussten Teenager waren die Jeans das einzige Kleidungsstück aus Naturfasern.

In halsbrecherisch hohen Clogs oder in Schuhen mit Plateausohlen stolperten wir durch die Gegend, hinter irgendwelchen Miniröcken her, die nicht selten aus fischschuppenförmigen Einzelteilen selbst zusammengenäht waren. Ja, wir liebten es, selbst Hand anzulegen. Um unsere Kleidung aufzupeppen, schnitten wir Fransen in die Jeans, bemalten die Jeansjacken mit den Namen unserer Lieblingsbands oder ließen unsere Namen Buchstabe für Buchstabe auf die grellgelben oder giftgrünen T-Shirts bügeln. Wenn die Hosen zu kurz wurden, nähte man unten breite Borten an. Wir bläuten unseren Müttern ein: Jeansjacken dürfen selbst im fragwürdigsten Zustand – also bemalt, zusammengestückelt, ausgefranst, bestickt und geflickt – auf keinen Fall der Altkleidersammlung zugeführt werden.

Knallenge Rollis mit einem extra breiten Gürtel um die Hüften waren der letzte Schrei – ebenso wie Blusen mit weitem Kragen oder Hemden, deren Kragenspitzen fast bis über unsere Schultern ragten.

Unterschiedlich lange Schulzeiten

Ebenso wie sich weit ausladende Kragenspitzen unserer Hemden voneinander entfernten, gingen auch die Lebenswege unseres Jahrgangs auseinander. Für die Hauptschüler war nach der neunten Klasse, mit 15 oder 16 Jahren, Schluss. Mit einem guten Hauptschulzeugnis hatten sie berechtigte Hoffnungen auf eine Lehrstelle in einem kleineren Familienbetrieb oder in der Großindustrie. „Handwerk hat goldenen Boden“ hieß es damals, denn es wurde viel gebaut. Wie gut, dass 1976 im Jugendarbeitsschutzgesetz der Acht-Stunden-Tag, die Fünf-Tage-Woche und ein Mindesturlaub von 25 Tagen verankert wurde.

Wer bis zur zehnten Klasse auf der Realschule blieb und sie mit der Mittleren Reife abschloss, suchte anschließend nach einem Ausbildungsplatz in einem Büroberuf. Die Gymnasiasten drückten die Schulbank am längsten und die Mehrzahl von ihnen strebte ein Universitätsstudium an. Insgesamt aber waren die Gymnasiasten damals in der Minderheit.

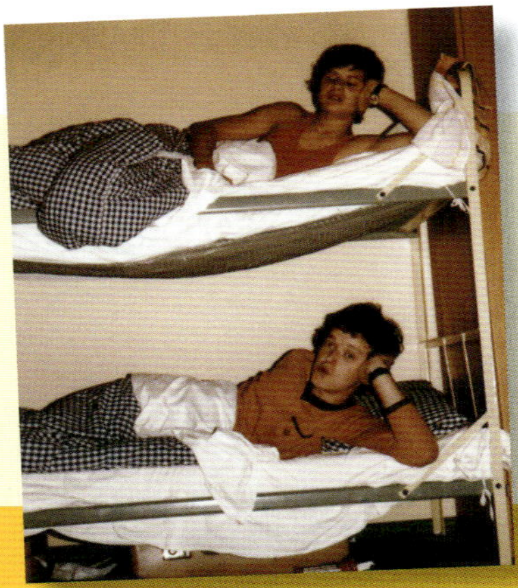

Doppelstöckig und auf durchgelegenen Matratzen – so schliefen wir im Landschulheim.

Ausreißer und Ausrutscher im Landschulheim

Klassenausflüge bedeuteten stets eine willkommene Abwechslung vom Schulalltag. Die Krönung des Klassenausflugs war das Landschulheim. Für die Lehrer mag es zwar der reinste Horror gewesen sein, uns Tag und Nacht zwei Wochen lang ertragen zu müssen. Doch für uns war es ein Riesenspaß. So lange von zu Hause weg, irgendwo, in einem anderen Zipfel Deutschlands, zusammen mit den Klassenkameraden, immer auf der Lauer, was man – außer dem Herzen des heimlichen Schwarms – wohl noch erobern könnte. Angefangen von den Übernachtungen in Doppelstockbetten in engen Mehrbettzimmern, streng getrennten Jungen- und Mädchen-Schlafbereichen, über die Ausflüge und Besichtigungen bis hin zu nächtlichen Ausreißern und Ausrutschern – für uns ein einziges Abenteuer.

Mit Geschicklichkeit und Kraft gingen wir in die Zukunft.

Endlich erwachsen!

Wer früh genug im Jahre 1962 geboren war, konnte bereits bei der Bundestagswahl am 5. Oktober 1980 zum ersten Mal sein Kreuzchen machen. Manche von uns dürften dazu beigetragen haben, dass die sozialliberale Koalition unter Helmut Schmidt bestätigt wurde und Franz-Josef Strauß in Bayern bleiben musste.

Die Vorfreude, Entschuldigungen für verpasste Schulstunden selbst unterschreiben zu dürfen, von den Lehrern per Sie und von den politischen Parteien als Erstwähler angesprochen zu werden, sowie die Vorstellung, nun nächtelang in der Disco tanzen zu können und bei wirklich jedem Kinofilm Einlass zu bekommen – all das und noch viel mehr ging uns in den Wochen vor unserem 18. Geburtstag durch den Kopf. Bald würden wir unbeschränkt über unsere spärlichen Finanzen verfügen, den Autoführerschein in Angriff nehmen und

Schnappschuss von einem Freiluftfest. Ein Mädchen liegt barfuß im Gras, drei Jungs stehen lässig daneben.

dorthin reisen, wo wir wollten. Wer allerdings zu Hause wohnte – und das war die große Mehrheit – kam um Kompromisse mit den Eltern nicht herum. Das war vor allem in Anbetracht der finanziellen Abhängigkeit ein unumgängliches Muss. Aber wenn es hart auf hart ging, konnten wir sagen: „Lasst das meine Sorge sein. Ich bin jetzt erwachsen!"

Die blutigen Jahre des Terrorismus in Deutschland

Einer Kriegserklärung an Staat und Gesellschaft kam das brutale Treiben linksgerichteter deutscher Terroristen in den 70er-Jahren gleich. Nach einer Schießerei in Frankfurt gelang es der Polizei 1972, die führenden Leute der Baader-Meinhof-Gruppe festzunehmen.

Im November 1974 starb Holger Meins nach einem Hungerstreik im Gefängnis. Drei Monate vor Beginn des Prozesses gegen den harten Kern der Baader-Meinhof-Gruppe wurde 1975 der Berliner CDU-Politiker Peter Lorenz entführt. Die Bundesregierung ließ wie gefordert sechs inhaftierte Terroristen frei und Lorenz kam zurück. Ein „Kommando Holger Meins" überfiel die deutsche Botschaft in Stockholm. Die Terroristen erschossen zwei Botschaftsangehörige. Das Gebäude sprengten sie in die Luft. Auf der Flucht wurden sie festgenommen.

Im Hochsicherheitstrakt des Gefängnisses in Stuttgart-Stammheim begann der Prozess gegen Baader, Raspe, Meinhof und Ensslin. Alle erhielten lebenslänglich. Ein Jahr darauf, im Mai 1976, erhängte sich Ulrike Meinhof in ihrer Zelle. 1977 überschlugen sich die Ereignisse. Mitglieder der Roten Armee Fraktion (RAF) erschossen Generalbundesanwalt Siegfried Buback und dessen Fahrer. Der Vorstandssprecher der Deutschen Bank, Jürgen Ponto, wurde in seiner Wohnung getötet. Bei der Entführung von Arbeitgeberpräsident Hanns-Martin Schleyer ermordeten die Terroristen dessen Fahrer und drei Polizisten. Die Lufthansa-Maschine „Landshut" wurde entführt und Pilot Jürgen Schumann erschossen. In Mogadischu stürmte die GSG 9, eine Spezialeinheit des Bundesgrenzschutzes, das Flugzeug und befreite die 86 Passagiere. Baader, Raspe und Ensslin begingen daraufhin in Stammheim Selbstmord. Tags darauf wurde der ermordete Schleyer im Kofferraum eines Autos gefunden.

„Terror Schleyer Flugzeug Atom" – in diesem Spiegel-Titelbild vom Oktober 1977 kommen die Bedrohungen der RAF-Zeit klar zum Ausdruck.

Das Fahndungsplakat mit den Gesichtern der meistgesuchten Teroristen hing so gut wie überall.